_____ 님의 소중한 미래를 위해

이 책을 드립니다.

회계 공부는
난생 처음입니다만

회계 공부는 난생 처음 입니다만

회계가 이렇게
쉽고 재미있는
것이었다니!

김범석 지음

메이트북스

메이트북스　우리는 책이 독자를 위한 것임을 잊지 않는다.
우리는 독자의 꿈을 사랑하고,
그 꿈이 실현될 수 있는 도구를 세상에 내놓는다.

회계 공부는 난생 처음입니다만

초판 1쇄 발행 2019년 7월 3일 ┃ **초판 6쇄 발행** 2023년 10월 5일 ┃ **지은이** 김범석
펴낸곳 ㈜원앤원콘텐츠그룹 ┃ **펴낸이** 강현규·정영훈
책임편집 안정연 ┃ **편집** 박은지·남수정 ┃ **디자인** 최선희
마케팅 김형진·이선미·정채훈 ┃ **경영지원** 최향숙
등록번호 제301-2006-001호 ┃ **등록일자** 2013년 5월 24일
주소 04607 서울시 중구 다산로 139 랜더스빌딩 5층 ┃ **전화** (02)2234-7117
팩스 (02)2234-1086 ┃ **홈페이지** blog.naver.com/1n1media ┃ **이메일** khg0109@hanmail.net
값 16,000원 ┃ **ISBN** 979-11-6002-239-1 03320

이 도서의 국립중앙도서관 출판시도서목록(CIP)은 e-CIP홈페이지(http://www.nl.go.kr/ecip)에서
이용하실 수 있습니다.(CIP제어번호: CIP2019022350)

측정되지 않는 것은
관리되지 않는 것이다.

• 피터 드러커(미국의 경영학자) •

회계가 이토록
손쉽게 이해되다니!

글을 쓴다는 것은 즐거운 일이다. 20여 년 동안 회계감사와 컨설팅 등 다양한 회계관련 업무를 하면서 어느덧 '수다떨기'가 취미가 되어버린 나에게는 더욱더 그러하다.

우연한 기회로 〈DBR〉이나 〈월간조세〉 등 경영전문지에 회계관련 칼럼들을 연재하면서 이러한 '수다떨기'가 자연스럽게 '글쓰기'로 발전한 것 같다.

다만 연재된 칼럼을 하나하나 다시 읽어보는 과정에서 독자들에게 조금 미안한 감정이 들기 시작했다. 매달 기고해야 하는 칼럼의 경우에는 그 당시에 이슈화되거나 독자들에게 흥미가 있을 법한 주제를 선정해 칼럼을 쓰곤 하는데, 아무래도 이슈 또는 흥미 위주로 칼럼을 연재하다 보니 회계를 소개하는 순서가 조금은 뒤죽박죽되기 때문이다.

이러한 고민을 하고 있을 무렵, '메이트북스'에서 회계기초와 관련된 책을 써보자는 단비 같은 제안이 왔다. 나 또한 그동안 아쉬웠던 들쑥날쑥한 칼럼의 순서를 재구성해 독자들에게 회계를 체계적으로 소개할 수 있다는 사실에 고무되었다. 그리고 사회 생활에서 여전히 부족한 '수다떨기'를 책을 통해 독자들과 이어갈 수 있다는 사실에 즐거웠다.

하지만 역시 책을 쓴다는 것은 여전히 조금은 어렵다. 흥미 위주로 글을 쓴다는 것은 독자들이 재미있어 할 주제일 뿐만 아니라 나도 흥미있어 하는 주제를 골라 쓴다는 의미이다. 칼럼을 쓸 당시에는 내 자신에게도 흥미로운 주제만 선정해서 그런지, 칼럼을 쓰는 과정에서 별다른 어려움을 느끼지 않았다. 마치 먹고 싶은 반찬만 먹는 편식이라고 할까?

회계를 체계적으로 소개하기 위해 이 책의 목차를 작성하고 하나하나 살펴보는 순간, 평소 먹고 싶지 않은 반찬들이 눈에 띄기 시작했다. 먹고 싶지 않은 반찬들을 어떻게 하면 맛있게 조리해서 독자들이 편식하지 않을 수 있을까, 고민에 고민을 거듭하기도 했다.

때로는 한 달이 넘도록 해당 주제에 대한 접근 방식이 생각나지 않았던 경우도 있었다. 그럴 때면 '내 본업은 글쓰기가 아닌데 도대체 내가 뭘 하는 걸까?' 하는 자괴감에 빠지기도 했었다.

또한 책을 쓰다가 내가 알고 있는 지식을 많이 소개하려는 욕심에 전문지식의 세계로 종종 빠져들기도 했다. 그럴 때마다 내가 쓴 글을 검토하는 지인들이나 '메이트북스' 관계자분들께서 "너무 멀리 가지 말라"며 내 손을 '회계 입문'의 세계로 끌어주곤 했다.

시중에 많은 회계입문서가 있지만 수험생이 아닌 사회인의 입장에서, 그리고 평소에 회계를 직간접적으로 접해보았지만 회계원리를 이해하기 어려워했던 독자들의 입장에서 집필하고자 했다. 따라서 이 책에서는 일반적인 '회계원리'에서 이야기하는 회계처리 방식, 계산공식 등은 가능한 배제하려고 했다.

또한 기본에 충실하기 위해 전문용어도 가능한 배제하려고 노력했다. 그리고 평소 일상생활에서 발생할 수 있는 사례를 소개하고 이러한 사례를 풀어가는 방법으로 기술하고자 했다.

이 책은 이러한 과정을 거쳐 탄생한 '회계입문서'이다. 특히나 회계를 한 번도 접해보지 못한 아내의 역할도 한 몫을 했다. 내가 쓴 초고를 종종 아내가 읽곤 했는데, 읽을 때마다 회계초보자인 생명과

학전문가의 입장에서 많은 조언을 해주었다.

이 책을 읽는 독자들 중에 혹시나 이해가 안되거나 어렵다고 생각하는 부분이 있으면 내가 운영하고 있는 블로그나 이메일을 통해 편안하게 말을 걸어주었으면 좋겠다.

마지막으로 이 책이 나오기까지 나와 함께 일했던 많은 고객과 나에게 질문을 던져주었던 독자들에게 지문을 통해서 감사를 드린다. 특히나 나에게 책을 집필하도록 용기를 북돋아준 '메이트북스' 임직원분들과 항상 회계입문자로서 아낌없는 조언을 해주었던 아내에게도 감사의 마음을 전한다. 그리고 이 책을 통해 나와 함께 수다를 떨 독자들에게도 미리 감사의 인사를 전한다.

김범석

1부 | 손익계산서, 이보다 쉬울 수 없다

매출의 탄생

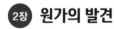

2장 원가의 발견

3장 그 외 수익과 비용

2부 ㅣ 재무상태표, 이보다 더 재미있을 수 없다

 자산

부채와 자본

3부 ㅣ 현금흐름과 재무지표, 이보다 명쾌할 수 없다

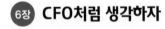 **CFO처럼 생각하자**

회사 또는 개인사업자에게 있어서 사업을 잘 운영하기 위해서는 얼마를 벌어서 얼마를 썼는지를 정확히 아는 것이 중요하다. 회계는 회사 또는 개인사업을 어떻게 경영했는지 한눈에 볼 수 있도록 도와주는 수단이다. 특히 '손익계산서'는 일정기간, 일반적으로 1년 동안의 회사 또는 개인사업의 성과를 나타내는데, 해당 성과를 제대로 이해하기 위해서는 손익계산서의 구조를 정확히 이해하는 것이 무엇보다 중요하다.

손익계산서,
이보다 쉬울 수 없다

쉽게 이야기하면, '매출'이란 번 돈을 의미한다. 하지만 이미 소비자에게 제품을 판매했는데 아직 돈을 받지 못했다면 어떨까? 또한 계약에 따라 계약금, 중도금, 잔금을 받는 경우에는 매출을 어떻게 인식할 수 있을까? 그리고 제품을 판매하기 위해 구입한 재료비 및 운영비는 언제 비용으로 인식하는 게 좋을까? 성과를 정확히 이해하기 위해서는 매출과 비용을 연계해야 하는데, 어떻게 연계할 수 있을까?

1장

매출의 탄생

바보야, 중요한 건 이익이야!

손익계산서의 구조

수익과 이익은 다른 개념이다. 일정기간 동안 벌어들인 돈을 수익이라고 한다면, 벌어서 쓰고 남은 돈이 바로 이익이기 때문이다.

노후 생활을 위해 카페를 준비하는 태윤이는 '욕심을 부리지 말아야지' 하면서도 '대박집'을 꿈꾼다. 건너편에서 음식점을 운영하고 있는 한사장은 시간이 날 때마다 태윤이네 카페에 와서 오늘의 매출과 수익을 자랑한다. 지난 달에 한사장으로부터 매출이 5천만 원이 넘었다는 소리를 들었을 때는 태윤이도 '괜히 카페를 시작했나' 하는 후회도 생겼다. 그러던 차에 10여 년이 넘게 한 곳에서 장사를 하고 있는 장사장이 와서 "중요한 건 수익이 아니다"라는 조언을 해주며 "수익보다는 이익에 집중하는 것"이 장사를 잘하는 비결이라고 알려줬다.

수익? 이익? 아직 사업을 준비하는 단계라서 그런지 태윤이에게는 장사장이 이야기한 용어들이 조금 낯설기만 하다. "수익보다는 이익에 집중하라"는 장사장의 조언이 뜻하는 바는 무엇일까? '수익'과 '이익'은 다 똑같은 말 아닌가? 그것이 아니라면 회계에서는 수익과 이익을 어떻게 정의하고 있을까?

수익은 이익이 아니다

회계를 주업으로 하는 필자도 마찬가지지만 많은 사람이 생활에서 자주 혼용해서 사용하는 용어가 바로 '수익'과 '이익'이다. 하지만 회계 관점에서 보면 '수익'과 '이익'은 명확하게 구분되어야 할 개념이다.

회계에서는 일정기간 동안 영업 성과를 기록하는 표로 '손익계산서'를 작성하도록 하고 있다. '손익계산서[1]'란 일정기간 동안 얼마를 벌어서(=수익), 얼마를 쓰고(=비용), 얼마가 남았는지(=이익 또는 손실) 알려주는 표다.

또한 손익계산서상에 표시되는 '이익' 또는 '손실'은 수익에서 비용을 차감하고 계산되는데, 수익이 비용보다 많은 경우에는 '이익'이라고 부르고, 수익이 비용보다 적은 경우에는 '손실'이라고 부른다. 즉 수익과 이익은 다르다는 의미이다. 이를 공식으로 간단하게 정리하면 다음과 같다.

---

1 K-IFRS(한국채택국제회계기준)에서는 '포괄손익계산서'를 정식 명칭으로 사용하고 있지만, 이 책에서는 일반적으로 자주 활용되는 '손익계산서'라는 용어로 표기하기로 한다.

수익 – 비용 > 이익

수익 – 비용 < 손실

손익계산서의 구조

한편 손익계산서에서는 재무제표 이용자를 위해서 다양한 이익을 표시하고 있는데, 회사의 영업 성과를 평가하기 위해서는 손익계산서에서 제공하는 다양한 이익의 의미를 정확하게 이해하는 것이 중요하다. 이익이라고 해서 다 같은 이익이 아니기 때문이다.

손익계산서에서는 이익의 유형에 따라 '매출총이익' '영업이익' '법인세차감전순이익' '당기순이익[2]'이 순서대로 표시된다.

▼ 손익계산서의 구조

	매출액
(−)	매출원가
매출총이익	
(−)	판매비와관리비
영업이익	
(+)	영업외수익: 금융수익 + 기타수익
(−)	영업외비용: 금융비용 + 기타비용
법인세차감전순이익	
(−)	법인세비용
당기순이익	

매출총이익: 사업의 지속 가능성에 대한 직관적인 척도

판매가격을 결정하기 위해서는 전략적인 의사결정도 중요하겠지만, 최소한 '매출총이익'이 발생할 수 있도록 판매가격을 결정해야 한다. 즉 태윤이가 카페의 매출을 높이기 위해 원두 구입가격보다 높은 가격으로 커피를 판매해야 하는 것이다. 만약 커피 한 잔에 들어가는 원가가 1,000원인데 200원에 판매한다면, 단기간에는 카페의 매출이 높아질 수도 있겠지만 매출이 증가할수록 '매출총손실'이 더 커지기 마련이다.

'매출총이익'이란 물건을 팔아 받은 돈(=수익)에서 물건을 얻기 위해 지불한 돈(=비용)을 빼고 남은 돈(=이익)이다. 매출총이익은 직접적으로 사업이 지속 가능할 수 있는지를 가늠하는 직관적인 척도가 될 수 있다.

영업이익: 회사의 본질적인 이익

카페를 운영할 때 원두구입 같은 직접적인 비용만 발생하는 것이 아니라 매장의 관리와 유지를 위한 다양한 비용이 발생하는데, 이러한 비용을 '판매비와관리비'라고 한다. 매출원가는 아니지만 종업원

---

2 K-IFRS에서는 '당기순이익' 다음으로 '기타포괄이익'을 별도 표기하게 되어 있지만 일상에서 잘 활용되지 않는 개념이므로 1장 마지막의 'One Point Lesson'에서 설명하기로 한다.

급여[3], 광고선전비 등 판매와 직접적인 관계가 있는 비용을 '판매비'라고 하며, 매장임차료, 복리후생비, 세금과공과 등 사업을 전반적으로 지원하기 위해 발생하는 비용을 '관리비'라고 한다.

'영업이익'이란 매출총이익에서 이러한 '판매비와관리비'라는 비용을 차감한 이익을 의미한다. '매출총이익'은 제품 판매를 통해 직접적으로 얻을 수 있는 이익을 보여준다고 한다면, '영업이익'은 회사 또는 개인이 영업활동을 통해 얻을 수 있는 전반적인 이익을 나타낸다고 볼 수 있다.

당기순이익: 이익의 최종 정착지

그 다음으로 고려할 이익은 '법인세차감전순이익'이다. '법인세차감전순이익'은 '영업이익'에서 '영업외수익(=금융수익+기타수익)'을 가산하고 '영업외비용(=금융비용+기타비용)'을 차감해 산출한다.

금융수익 및 금융비용이란 쉽게 이야기하면 금융기관에서 발생한 이자수익 및 이자비용 등을 의미한다. 만일 태윤이가 자신이 운영하는 카페 한편에 꽃가게를 운영할 수 있도록 장소를 제공한다면 임대소득이 발생할 수 있다. 이러한 임대소득은 '커피 판매'라는 영업활

---

3 '판매비'와 '관리비'의 구분은 회사마다 각각 상이하다. 영업 판매사원의 급여 등은 '판매비'로 구분하는 것이 일반적이지만, 사무직원의 급여 등은 회사마다 판매활동과 관리활동을 어떻게 정의하느냐에 따라 상이하기 때문이다. 다만 회계기준에서는 '판매비'와 '관리비'를 각각 구분하지 않고 '판매비와관리비'로 통합해 표현하고 있다.

동과는 직접적인 관련이 없기 때문에 '영업외수익'으로 분류된다.

이처럼 주요한 영업활동이 아니거나 비정상적인 활동에서 발생하는 수익과 비용을 '영업외손익'이라고 한다. '영업이익'에서 '영업외손익'을 가감하면 '법인세차감전순이익'이 산출된다. 이러한 '영업외손익'은 영업과 직접적으로 관련이 없기 때문에 정상적인 경영성과를 평가하거나 예측하는 데 어려움을 준다. 따라서 영업외손익이 자주 발생하는 것은 사업을 운영하는 입장에서는 좋은 현상이 아니다.

마지막으로 '법인세차감전순이익'에서 기업이 납부해야 할 법인세비용을 반영하면, 최종적으로 회계에서 말하는 최종적인 이익인 '당기순이익'이 산출된다.

이익의 질: 이익이라고 다 같은 이익이 아니다

그렇다면 어떤 이익이 기업의 성과를 정확하게 표현할 수 있을까? '매출총이익'의 경우 해당 사업의 매출과 연관성이 제일 높으며, 당기순이익으로 내려갈수록 영업활동과 무관한 손익이 가감된다.

따라서 '매출총이익'이 사업의 지속적인 성과를 평가하기에는 가장 유용한 지표라고 할 수 있다. 하지만 기업의 장기적인 가치는 결국 당기순이익에 의해 결정되므로 당기순이익 또한 무시할 수는 없다. 결국 매출총이익이나 영업이익 등은 당기순이익의 보조지표이기 때문이다.

대박집의 본질도
이익으로 판단하자

　삶의 즐거움 중 하나는 '음식'이라고 했던가? TV를 시청하다 보면 다채로운 음식과 음식점을 소개하는 프로그램이 많다. 그 중 "하루에 매출 얼마! 한 달에 매출 얼마! 일년에 매출 얼마!" 하면서 '대박집'이라고 소개하는 프로그램을 종종 보게 된다.

　하지만 이런 프로그램을 볼 때면 매출이 아니라 이익이 얼마나 발생하고 있는지를 놓치지 말아야 한다. 즉 '월 매출 3억 원'이 중요한 것이 아니라 '그래서 얼마나 남는지'가 중요하다. 회계를 주업으로 삼아서 그런지 대박집에서 매출을 강조할 때마다 속으로 "바보야, 중요한 건 이익이야!"를 외쳤던 건 나뿐만일까?

회계의 기본은 '발생주의'라는 사실만은 꼭 기억하자

발생주의 vs. 현금주의

발생주의란 현금의 유·출입 여부와 상관없이 거래가 발생한 기간에 해당 거래를 인식하도록 규정하고 있는데, 이는 재무회계의 기본적인 원칙이다.

카페를 창업한 지 한 달이 지난 태윤이는 장사가 생각보다 잘 되는 것 같아 기분이 좋다. 하지만 걱정이 없는 것도 아니다. 카페 개업시 인테리어에 많은 돈을 투자[4]해서 올해 한 해 아무리 열심히 매출을 늘려도 남는 게 하나도 없을 것 같기 때문이다. 다행히 친한 회계사와 논의해보니 초기투자비용 중 일부는 일정기간에 걸쳐 비용으로 인식할 수 있다고 한다. 예를 들면 카페 인테리어 비용은 3년 동안의 비용으로 인식할

---

4 비용은 그 성격에 따라 당기 비용으로 인식할 수도 있지만, 자산으로 인식한 후에 일정기간 비용으로 배부할 수 있는데, 이러한 성격의 대표적인 자산이 '유형자산'이다. '유형자산'에 대한 정확한 개념은 이 책에서 나중에 다룰 예정이다.

수 있기 때문에 걱정할 필요가 없다는 것이다.

드디어 연말이 되어서 한 해의 손익을 정산할 시간이 왔다. 창업 초기라 지인들이 많이 와줘서 그런지 매출도 꽤 발생했기 때문에 어느 정도 이익이 났을 거라고 내심 기대했다. 특히 한 지인은 내년에 대금을 지불하기로 하고 올해 말에 500만 원의 매출을 올려주기도 했다.

그런데 회계사가 작성한 손익계산서를 살펴보니, 손익계산서상 이익과 통장잔고가 맞지 않다는 사실을 발견했다. 생각보다 영업이 잘돼서 꽤 괜찮은 이익이 날 것으로 기대하고 있었는데, 왜 통장잔고와 이익이 맞지 않는 걸까? 혹시 어딘가에서 돈이 새고 있는 건 아닌지 불안하다.

▼ 태윤이 카페의 손익계산서

단위: 만 원

발생주의에 따른 손익계산서		
구분	금액[5]	비고
커피 판매	5,500	
원두 구입 등 원가	(1,600)	
임대료	(1,200)	
직원 급여	(600)	
매장 인테리어	(500)	1,500만 원이 현금으로 지출되었으나, 3년에 걸쳐 매년 500만 원씩 비용으로 인식함
이익	1,600	
통장 잔고	100	

---

5 비용은 수익과 구분하기 위해서 ( )로 표시했다.

거래의 실질에 따른 인식기준: 발생주의

기본적으로 재무회계는 '발생주의'라는 원칙 하에 거래를 기록한다. '발생주의'란 현금의 입·출고와 상관없이 실질적인 거래가 발생한 시점을 기준으로 거래를 기록하는 것이다. '발생주의'가 중요한 이유는 일정 기간 동안 발생한 손익을 적절히 인식해 경영성과를 합리적으로 측정하는 데 목적이 있기 때문이다.

가령 3개월치 헬스클럽 비용 15만 원을 선불로 지급했다면, 헬스클럽 비용을 언제 비용으로 인식하는 것이 좋을까? 단순하게 생각해봐도 지급한 달에 15만 원 전부를 비용으로 기록하기보다는 3개월 동안 매달 5만 원을 비용으로 기록하는 게 논리적일 것 같다. 이렇게 '헬스클럽 이용'이라는 실질적인 발생 거래에 맞추어 비용을 인식한다면 이는 발생주의를 따라 회계를 기록한 단적인 예라고 볼 수 있다.

'발생주의'와는 달리 현금이 들어오고 나가는 시점을 기준으로 거래를 기록할 수도 있는데, 이를 '현금주의'라고 한다. '현금주의' 회계는 현금이 들어올 때 해당 거래를 '수입(=수익)'으로 인식하고, 현금이 나갈 때 해당 거래를 '지출(=비용)'으로 인식하는 회계처리 방식이다. 이해하기 쉽게 예를 들면, 우리가 집에서 작성하는 가계부는 대부분 현금주의로 작성된다.

현금주의와 발생주의는 거래 인식시점이 다르다

그런데 문제가 있다. 거래를 기록하는 시점이 서로 다르기 때문에 발생주의를 통해 계산되는 손익계산서상의 이익과 현금주의를 통해 산출되는 통장잔고상의 이익인 현금잔액과는 차이가 있을 수 밖에 없다는 것이다.

태윤이가 카페 설립 초기에 지출한 1,500만 원의 카페 인테리어 비용은 현금주의에 따르면 전액 현금이 나갔으므로 창업 연도에 전액 비용으로 인식될 수 있지만, 해당 인테리어 비용은 발생주의에 따라 3년에 걸쳐 비용화 처리했다. 즉 이미 인테리어 비용으로 1,500만 원의 현금이 지출되었지만 카페 인테리어는 3년 동안 매출 증가에 지속적으로 긍정적인 영향을 줄 수 있다고 본다면 발생주의에 따라 3년에 걸쳐 비용화 처리했다는 의미이다. 따라서 발생주의에 따르면 창업 첫 해에 1,500만 원 중 500만 원만 비용으로 인식했으므로, 1,500만 원을 즉시 출금으로 인식한 현금주의 회계와는 1천만 원의 차이가 발생한다.

하지만 여전히 인테리어 비용의 이연 효과를 고려해도 여전히 태윤이가 발생주의에 따라 인식한 1,600만 원의 이익과 통장잔고상 잔액인 100만 원은 설명되지 않는다. 여전히 추가적으로 고려할 사항이 남아 있기 때문이다.

또 한 가지 잊지 말아야 할 거래는, 연말에 태윤이가 지인에게 외상으로 판매한 500만 원에 해당하는 거래다. 해당 거래는 커피를 이미 판매했고 대금을 지급받기로 약속했기 때문에 발생주의 회계에 따라 커피를 판매한 시기의 매출로, 즉 올해의 매출로 인식했지만 현금이 입금되지 않았기 때문에 현금주의 회계 관점에서는 수익으로 인식되지 않는다.

따라서 발생주의 회계에 따라 인식한 1,600만 원의 이익에서 ① 당기 비용으로 인식하지 않았지만 현금이 출금된 카페 인테리어 1천만 원을 차감하고 ② 수익으로는 인식하였지만 아직 입금되지 않은 매출채권 500만 원을 제외하면, 태윤이가 한 해 동안 벌어들인 손익계산서상의 이익인 1,600만 원과 통장 잔고 100만 원의 차이는 아래 '손익계산서상 이익과 통장 잔고의 차이 내역' 표처럼 설명될 수 있다.

▼ 카페의 손익계산서상 이익과 통장 잔고의 차이 내역

단위: 만 원

구분	금액	비고
카페의 손익계산서상 이익	1,600	
(−) 인테리어 투자비용 중 비용으로 인식되지 않은 금액	1,000	① 총 1,500만 원의 현금 지출 부분 중 500만 원만 당기 비용으로 인식되고, 1천만 원은 향후 2년 동안 비용으로 인식된다.
(−) 외상매출금	500	② 외상으로 매출한 500만 원은 아직 현금이 들어오지 않았다.
통장 잔고	100	

현금주의도 쓸 데가 있다: 흑자도산

그렇다면 현금주의 회계는 사용하지 말아야 할 정보일까? 그건 아니다.

기업 대내외적으로 경영 환경이 어려울 때마다 신문에 자주 등장하는 용어 중 하나가 '흑자도산'이다. 흑자도산이란 회계상으로는 이익이 발생했지만 기업이 일시적으로 충분한 현금을 확보하지 못해 도산에 이르는 것이다. 즉 만기가 도래하는 채무를 갚아야 하는데 수중에 현금이 부족해서 부도가 나는 경우를 말한다.

바로 여기에 현금주의 회계가 필요한 이유가 있다. 회계에서 발생주의에 따라 현금이 입금되지 않았음에도 외상매출을 수익으로 인식할 수 있는 이유는 경영 활동이 지속된다는 가정이 있기 때문인데, 발생주의는 단기적으로 발생하는 일시적인 기업의 자금 유동성 여부를 충분히 파악할 수 없다는 한계가 있다.

즉 태윤이가 당장에 원두 대금으로 갚아야 할 채무가 200만 원이 있다면 발생주의에 따라 아무리 이익이 1천만 원이 발생했고 향후 받을 수 있는 외상대금이 500만 원이 있다고 할지라도 당장은 통장에 100만 원의 잔고밖에 없기 때문에 부도로 몰릴 수 있는 상황이다.

따라서 기업의 자금 환경이 여유롭지 않은 경영 환경에서는 현금주의 또한 원활한 경영활동을 운영하기 위해 관리해야 할 중요한 경영지표 중 하나이다.

일반적으로 자산은 사람의 외형인 '체격'으로, 손익은 지속적으로 체격을 유지할 수 있는 '체력'으로, 현금은 체력 유지를 위해 필요한

'혈액 또는 피'로 비유하는데, '혈액'이 꾸준하게 몸을 순환하지 않으면 바로 생명에 위협이 발생한다.

현금을 '혈액'으로 비유하는 이유는 현금이 장단기적으로 부족하지 않도록 적정 현금을 관리하는 것이 경영환경에서는 중요한 지표 중 하나로 인식되기 때문이다.

현금 및
현금흐름표의 의미

　기업의 재무정보를 파악할 수 있는 '재무상태표[6]' '손익계산서' 및 '현금흐름표' 중에서 가장 객관적인 재무정보는 무엇일까? 물론 외부감사를 통해 공시되는 모든 재무제표는 신뢰할 수 있겠지만, 현금흐름표상의 잔액은 눈속임이 특히나 어렵다. 회사의 장부상 현금 잔액은 통장 잔고와 일치해야 하기 때문이다.

　또한 기업 내에 얼마만큼의 현금이 남아있는지도 중요하지만 기업 내에서 운용되고 있는 현금흐름을 통해 기업의 건전성을 판단해보는 것도 중요하다. 현금흐름표상 현금흐름은 영업활동, 투자활동 및 재무활동 현금흐름으로 구성된다. 영업활동 현금흐름을 통해 기업의 지속적인 영업 성과를 판단할 수 있으며, 투자활동 현금흐름을 통해 기업의 설비자산 운용 및 미래 투자 방향성을 엿볼 수 있다. 재무활동 현금흐름을 통해 기업의 자본조달 방식을 확인할 수 있다. 현금 그 자체도 중요한 경영지표이지만 현금흐름표를 통해 기업의 현금흐름을 파악하는 것도 중요하다.

6　K-IFRS가 도입되기 이전에는 대차대조표로 명명되었으며, 실무에서는 '대차대조표'와 '재무상태표'를 자주 혼용해 사용하고 있다.

수익인식은 실현주의로
조금은 까칠하게

발생주의 vs. 실현주의

수익의 인식은 수익이 확정된 시점에 거래를 인식하도록 규정하고 있는데, 회계에서는 이를 실현주의라고 한다.

창업한 지 얼마 되지 않아서 그런지 태윤이는 카페 운영에 무척 열심이다. 매일 원두의 양을 확인하고, 필요할 때 주문하고, 커피를 자주 볶아 신선함을 유지하려고 애쓴다. 그리고 커피 매출을 올리기 위한 하나의 방법으로 다양한 거래처를 확보하기 위해 동분서주하고 있다.

영업을 열심히 해서인지 태윤이는 매일 늘어나는 매출을 보면 무척 흐뭇하다. 그런데 갑자기 한 가지 궁금한 점이 생겼다. 과연 태윤이가 만들어서 판매하는 커피는 언제 매출로 기록하는 게 맞을까? 예전에는 현금 거래가 많아서 커피를 판매하면 바로 통장잔고가 쌓였지만, 요즘은 대부분 신용카드를 쓰기 때문에 현금은 다음달에나 들어오니 헷갈릴 수밖에 없다.

또 커피 재료인 원두도 어차피 판매를 목적으로 주문하는 거고 충분히 판매량을 예측해서 주문하기 때문에, 가능한 빨리 매출을 기록하고 싶은 태윤이의 입장에서는 '원두를 구입하는 단계에서 매출을 인식하는 것도 가능하지 않을까' 하는 생각이 든다. 아니면 주문을 받는 단계에서도 가능하지 않을까?

그동안 배운 회계지식을 생각해보면 현금이 들어오는 시점이 아닌 것만은 확실하다. 그런데 발생주의를 생각해보면 앞서 생각한 커피를 만드는 단계별로 매출을 인식해도 될 것만 같은데, 상식적으로 보면 좀 이상하다. 과연 회계에서는 언제 매출을 인식하라고 하는 걸까?

언제 매출을 인식하면 좋을까?

발생주의란 거래가 발생한 시점을 기준으로 기록하는 것으로, 재무회계는 발생주의라는 대원칙 하에 거래를 인식한다는 사실은 앞에서 이야기했다.

발생주의라는 개념만 살펴보면 원재료를 구입하고 제품을 생산해 소비자에게 판매하는 각각의 단계가 매출에 영향을 미치는 주요한 시점이라고 볼 수 있다. 따라서 제품을 생산하는 단계별로 매출을 인식할 수 있을 것도 같다. 어차피 제품 생산은 매출을 전제로 발생하기 때문이다.

다른 한편으로는 아무리 열심히 제품을 생산해도 소비자에게 판매되지 않는다면 매출과 연계되지 않기 때문에 제품이 판매되기도 전에 매출을 인식하는 것은 무리가 있어보인다.

이렇듯 어떻게 생각하느냐에 따라 매출을 인식하는 시점을 다양하게 해석할 수 있으므로 단순히 발생주의라는 개념만으로는 매출, 즉 수익의 인식기준을 정의하기는 조금 어렵다.

이러한 난제 때문에 재무회계에서 수익의 경우에는 매출이 발생하는 결정적인 사건을 기준으로 수익을 인식하도록 별도로 규정하고 있는데, 이를 실현주의라고 한다. 매출이 발생하는 결정적인 사건을 언제로 보느냐를 규정하고 이를 기준으로 해당 시점에 매출을 인식하는 것이다.

수익을 인식하기 위한 조건: 가득기준과 실현기준

재무보고를 위한 개념체계[7]에 따르면 '수익은 자산의 증가나 부채의 감소와 관련해 미래경제적효익이 증가하고 이를 신뢰성 있게 측정할 수 있을 때 인식한다'라고 기술되어 있다.

'미래경제적효익의 증가'란 수익이나 이득이 실현되었거나 실현가능성이 있어야만 인식해야 한다는 의미로 이를 '실현기준'이라고 한다. 그리고 '신뢰성 있게 측정'이라는 의미는 수익에 대한 권리를

---

7   재무회계개념체계는 K-IFRS(한국채택국제회계기준)의 기초가 되는 개념이지만 기업회계의 기준이 되는 K-IFRS 자체를 의미하지는 않는다. 또한 재무회계개념체계는 K-IFRS에 우선하지 않는다.

주장하기에 충분한 정도의 의무를 수행한 경우를 의미하며 이를 '가득기준'이라고 한다.

재무회계에서는 <u>받을 수 있는 돈이 확정되고, 돈을 받기 위한 노력을 제공한 때에 수익을 인식하도록 정의</u>하고 있는데, 이 정의가 바로 실현주의다. 실현주의에 따르면 커피를 판매하는 시점에 매출을 인식하는 것이 적당하다.

커피를 생산하는 데 아무리 많은 노력(=가득기준)을 들였다고 해도 거래처와 거래가 확정(=실현기준)되지 않았기 때문에, 태윤이가 커피를 생산하는 시점에 매출을 인식하기는 어렵다.

또한 현금이 들어오기 전에 이미 거래처가 얼마의 돈을 주기로 결정했다면 현금이 들어오지 않았더라도 미리 매출을 인식할 수 있는 것이다.

구태여 왜 실현주의가 필요할까?

실현주의는 수익의 인식을 엄격하게 관리하기 위해 발생주의를 수정해 발전시킨 것으로 볼 수 있다. 기업이 제품을 제조 및 판매하는 경우에 발생주의에 따르면 생산 시점에서부터 생산 진척도에 따라 수익을 계산하는 방법도 고민해볼 수도 있겠지만, 해당 제품이 고객에게 인도되는 등 구체적으로 실현되지 않은 손익을 수익으로 인정한다면 자의적인 판단이 개입될 여지가 많다.

커피 생산을 예로 들면, 일부 제조업자는 원두의 구입시점이 가장 중요하다고 주장할 수도 있겠지만, 일부 제조업자는 커피를 로스팅하는 과정이 가장 중요하다고 주장할 수 있을 것이다. 이러한 자의적 판단[8]을 그대로 수용한다면, 기간 손익계산과 관련해 재무정보를 해석하는 사람들 사이에서 다툼의 여지가 발생할 수 있다.

따라서 재무회계에서는 수익인식 기준에 한해 객관성을 유지할 수 있도록, 자의적인 판단을 조금이라도 더 배제할 수 있도록 실현주의라는 개념을 도입한 것으로 이해하면 좋을 것이다.

따라서 실현주의에 따르면 고객이 커피의 구입을 확정하고 태윤이가 커피를 고객에게 인도하는 시점을 가장 중요한 거래로 보고, 해당 시점에 커피의 매출 총액을 수익으로 인식하는 것이다.

8　'생산 진척도'를 평가하는 방법은 투입 시간, 노동 투입량, 투입 비용 등 다양할 수 있다. 기업이 제각각 별도의 방법을 적용한다면 평가 방법에 따라 생산 진척도는 각각 다르게 산출될 수 있다.

단군신화로 풀어보는
'실현주의'

우리가 잘 알고 있는 단군신화에 따르면, 환웅은 곰과 호랑이에게 쑥한 줌과 마늘 29개를 주면서 이를 먹으며 굴 속에서 빛을 보지 않고 100일 동안 버티면 인간이 될 수 있다고 말했다. 21일 동안 금기를 지킨 곰은 인간(웅녀)이 되었으나, 그렇지 못한 호랑이는 인간이 되지 못했다.

여기서 궁금한 점은 '그래도 인간이 되기 위해 일정부분 노력한 호랑이도 부분적으로는 인간이라고 인정할 수 있지 않을까' 하는 것이다. 그동안 호랑이의 노력이 하나도 인정되지 않는다는 것은 결과만 중시하고 과정은 무시한다는 점에서 조금 억울할 수도 있겠다.

하지만 우리가 이미 알고 있다시피, 인간이 되는 데 실패한 호랑이는 호랑이 모습 그대로 평생을 살았을 뿐 1%도 인간으로는 인정받지 못했다. 인간으로 인정받지 못하는 호랑이의 사례를 '수익인식기준'에 비유할 수 있다. 재무회계 측면에서 보자면 발생주의 관점에서는 조금 억울하겠지만, 인간이 되는 것은 실현주의 관점이기 때문이다.

잊지 말자,
비용은 수익과 단짝 친구!

비용인식기준

보다 정확한 경영성과를 위해서는 수익이 발생할 때 관련된 비용도 함께 인식되어야 한다. 이러한 생각이 반영된 회계 원칙이 '수익비용대응'이다.

재무회계의 기본은 발생주의로부터 출발한다. 하지만 앞서 소개한 사례에 따르면 수익의 인식은 발생주의가 변형된 실현주의가 적용된다고 배웠다.

그렇다면 비용은 어떻게 인식될까? 발생주의를 그대로 따를까? 아니면 발생주의가 변형된 실현주의가 적용될까?

수익과 비용의 인식시기를 일치시켜야 하는 이유

손익계산서를 작성하는 가장 중요한 이유는 뭘까? 손익계산서를 통해 일정 기간, 가령 1년 동안[9]의 경영성과를 정확하게 측정하는 것 아닐까? 그런데 수익과 비용의 인식기준이 제각각이라면?

만일 2020년에 500만 원의 커피매출이 발생했는데, 2019년도에 커피의 원재료인 원두를 300만 원어치를 구입했다고 해서 2019년도에 매출원가를 인식하고 2020년도에 매출을 인식하면 어떨까? 해당 방식으로 거래를 기록한다면 2019년도에는 매출원가만 존재하기 때문에 300만 원의 손실이 발생하고, 2020년도에는 매출만 존재하기 때문에 500만 원의 이익이 발생한 것으로 오해하지 않을까?

▼ 현금주의로 인식한 수익 및 비용 현황

단위: 만 원

	2019년	2020년
매출	–	500
매출원가	(300)	–
매출총이익(손실)	(300)	500

---

9 재무회계에서는 회계기간을 산업의 특성에 맞게 자유롭게 구성할 수 있으며, 1월 1일부터 12월 31일로 하라는 획일화된 규정은 존재하지 않는다. 증권업 등이 당년 4월 1일부터 차년 3월 31일로 회계기간을 구성하는 것을 그러한 예로 볼 수 있다. 다만 상법상에서는 회계기간을 1년 이내로 정하라는 규정이 존재하기 때문에 1년을 초과하는 회계연도는 찾아보기 어렵다.

수익과 비용을 동일 시점에 인식한다면?

비용은 수익과 연계해 인식시기를 결정하는 것이 중요하다. 비용을 인식하는 가장 중요한 원칙 중 하나는 일정 기간 동안 수익을 획득하는 과정, 즉 매출이 발생하는 과정에서 소요된 경제적 자원을 정확하게 측정해 해당 기간 동안의 비용으로 인식하는 것이다.

만약 특정 기간에 소모된 경제적 자원, 즉 비용이 해당 기간이 아니라 다른 기간의 수익이 발생하는 데 기여한다면, 수익이 발생하는 기간에 비용으로 인식하는 것이 조금 더 합리적일 것이다.

재무회계에서는 이러한 원칙을 '수익비용대응의 원칙'이라고 하는데, 이는 발생주의라는 회계원칙을 구체적으로 적용하는 예라고 볼 수 있다.

다양한 비용인식시기의 유형들

수익과 비용을 일치시키는 대표적인 예로는 '매출원가'가 있다. 태윤이가 커피 판매를 위해서 원두 1kg을 1만 원에 구입했다고 하자. 그 중에 700g의 원두를 사용해서 커피를 판매했다면, 커피 판매라는 매출에 대응하는 원가는 얼마일까?

해당 사례에서 쉽게 알 수 있지만 700g에 해당하는 7천 원이 매출원가라고 할 수 있다. 그 외 남아있는 300g에 해당하는 3천 원은 비용이 아니라 재고자산으로 분류된다.

추후 다시 이야기하겠지만, 남아 있는 300g이라는 원두는 추후 매출을 위해 준비되어 있는 자산으로, 향후 매출이 발생될 때 '매출원가'라는 비용으로 인식하기 위해 대기하고 있는 자산임을 의미한다. 이렇듯 매출을 발생하기 위해 소요된 자원에 투입된 비용을 매출원가라고 한다.

그럼 건물임대료, 종업원 급여 등 관리를 목적으로 발생한 비용들은 어떨까? 해당 비용들은 매출원가와는 달리 매출과 일대일로 대응되지는 않지만, 매출을 발생시키기 위해서 회사를 운영하거나 판매 활동을 지원하기 위해 필요한 비용들이다. 해당 비용들은 매출과 직접적인 관련을 맺기는 어렵지만, 당 회계연도의 매출을 위해 사용된 비용이므로 당 회계연도의 비용으로 인식한다.

비용인식시기의 세 번째 유형은 기계설비 및 건축물 등의 유형자산과 관련된 비용들이다. 유형자산 등은 장기간에 걸쳐 매출을 발생하기 위해 구입한 것이므로 당해 구입액을 한꺼번에 비용으로 인식하는 것은 불합리해 보인다. 매출과 일대일로 대응해 소모된 부분을 정확하게 예측하기는 어렵지만, 여러 회계기간에 걸쳐 비용으로 인식되는 게 합리적이기 때문이다. 즉 태윤이가 5년 동안 사용할 목적으로 커피머신을 구입한 경우에는 투자한 금액을 일시에 비용으로 인식하지 않고, 5년 동안 비용으로 인식하는 것이 합리적이다.

이렇듯 유형자산 등은 구입시점에 자산으로 인식했다가 각 회계기간에 유형자산의 소모량을 예측해 해당 기간의 비용인 감가상각비를 인식한다.

네 번째 유형은 대손상각비 등의 추정비용이다. 외상매출금 같은 신용거래는 매출이 발생할 때부터 일정부분을 받지 못할 위험이 존재한다. 이러한 위험이 실제 발생할 때, 매출은 2019년에 발생했지만 고객의 지급능력 없음이 2020년도에 발견되었다고, 그때 대손상각비라는 비용으로 인식한다면 수익과 비용이 제대로 대응되었다고 볼 수 없지 않을까?

따라서 대손상각비 등은 매출이 발생할 당시부터 대금을 받지 못할 가능성이 있다고 판단되는 경우에는 외상매출금이 발생하는 회계연도에 미래기간 동안 발생할 대손상각비를 미리 예측해 손익계산서상에 비용으로 인식하도록 하고 있다.

이렇듯 '수익비용대응의 원칙'은 투자자가 해당 기업의 이익을 정확히 측정하는 데 초점이 맞춰져 있다. 이러한 '수익비용대응의 원칙'을 통해 비용을 현재와 미래의 수익에 각각 대응시키기 때문에 미래이익을 예측하는 데 많은 도움이 된다.

과거의 수익비용대응의 트렌드를 파악했다면, 기업의 미래 이익은 미래 예상 수익에서 과거의 비용에 근거해 미래 비용을 예측하고 그에 따라 이익을 예측할 수 있다.

비용인식기준의 다른 손: 보수주의

손익계산서에서는 '수익비용대응의 원칙'의 예외로 일부 항목에 대해서는 비용을 미리 인식하는 경우가 있는데, 이러한 예외가 발생하는 이유는 보수주의라는 원칙 때문이다.

재무회계에서는 다양한 이해관계자가 존재하기 때문에 재무정보를 제공하는 데 조심스럽다. 정보이용자들은 긍정적인 신호보다 부정적인 신호에 더 민감하다. 예를 들면 기업에서 이익이 발생할 것이라고 추정했다가 실제 엄격하게 재무회계기준을 적용해보니 손실로 돌아섰다고 한다면 어떨까? 정보이용자들이 반대의 경우, 즉 손실이 발생했다고 이해했다가 실제 이익이 발생했을 경우보다 더 민감하게 반응하지 않을까?

따라서 재무회계에서는 이러한 리스크를 낮추기 위해서 일부 비용항목에 대해서는 미리 인식하려는 경향이 있는데, 이를 보수주의라고 한다.

재무회계에서 말하는 보수주의란 기업의 재무정보가 보다 건전하고 충실하게 작성되기 위해 수익 및 비용의 인식을 신중히 하고자 하는 원칙을 의미한다. 이 원칙에 따르면 비용은 빠짐없이 기록하고, 수익은 크게 벌리지 않고 확실한 경우에만 인식하는 것으로 요약된다.

보수주의의 주요 사례

보유하고 있는 재고자산은 판매가 될 당시에 매출원가로 인식된다고 했다. 다만 미판매된 부분은 재고자산으로 관리하고 있다가 추후 매출이 발생할 때 매출원가로 인식한다. 그런데 보유하고 있는 재고자산의 가치가 하락한다면 어떨까?

보유하고 있는 재고자산이 시가에 비해 가치가 현격히 하락한 경우에는 가치 하락분을 미리 인식하도록 되어 있는데, 이를 '재고자산평가손실'이라고 한다.

앞의 예시에서 300g에 해당하는 원두 3천 원어치를 태윤이가 자산으로 보유하고 있는데, 동일한 상태의 원두 300g을 더 낮은 가격인 2천 원에 살 수 있다고 한다면, 그 차액인 1천 원만큼은 '재고자산 평가손실'이라는 비용으로 인식하고 재고자산은 2천 원으로 기록하게 된다는 의미이다. 왜냐하면 태윤이는 300g을 2천 원에 살 수 있어 더이상 해당 재고자산의 가치를 3천 원으로 주장할 수 없기 때문이다. 하지만 해당 재고자산이 아직 판매되지 않았음에도 미리 비용으로 인식하는 '재고자산평가손실'은 엄격한 의미에서 '수익비용대응의 원칙'에 위배된다고 볼 수 있다.

광고선전비 등은 어떨까? 광고의 효과는 당기 매출뿐만 아니라 차기 이후의 매출에도 영향을 줄 수 있다고 볼 수 있다. 특히 브랜드 광고 등의 경우에는 1~2년을 바라보고 수행하는 마케팅 활동이 아니므로 어떤 면에서는 자산과 그 성격이 유사하다고 볼 수 있다.

하지만 재무회계에서는 광고선전비 등은 자산으로 인식하지 않고 당기 비용으로 처리하도록 되어 있다. 해당 비용은 각 회계기간에 창출할 수 있는 수익과 현금흐름을 정확하게 예측할 수 없어 자산의 정의에 부합하지 않기 때문이다.

기업에서 자주 발생하는 R&D비용도 일부 예외를 제외하고는 당기 비용으로 인식하는데, 이것 또한 '수익비용대응의 원칙'과는 부합하지 않는다. 그 이유는 R&D비용 또한 미래 수익에 영향을 줄 수 있기 때문이다.

이런 문제에도 불구하고 수익과 대응되지 않음에도 조기에 해당 비용들을 미리 인식하는 이유는 무엇일까? 그것은 보수주의에 따라 위험회피적인 성향으로 정보 제공을 하려는 재무회계의 특성이 반영되었기 때문이다.

비용인식기준: 수익비용대응의 원칙+보수주의

종합적으로 볼 때 비용의 인식은 '수익비용대응의 원칙'과 '보수주의의 원칙'에 따른다. 일반적으로 '수익비용대응의 원칙'은 이익예측에 도움이 되지만, '보수주의의 원칙'은 이익예측을 어렵게 하기도 한다.

다만 재무회계에서는 다양한 이해관계자가 존재하기 때문에 '돌다리도 두들겨 본다'는 식의 위험회피적인 측면도 중요하게 다룬다는 사실을 알아둘 필요가 있다.

진행매출, 이건 또 뭐죠?

'건설형 공사계약'과 진행 매출

오랜 기간이 지난 후에 수익이 확정되는 건설계약 등은 예외적으로 '진행률'에 따라 수익을 인식할 수 있다.

생각보다 사업이 잘 되어서 그런지 태윤이는 카페 2호점을 내는 게 어떨지 고민중이다. 어떤 콘셉트로 카페 매장을 꾸미고 운영할지 고민도 하고, 소위 말하는 '목'이 좋다는 카페 부지를 여기저기 뛰어다니며 찾아보았다.

충분한 승산이 있다는 생각에 드디어 건물을 짓기로 결심했다. 공사업체와 협의를 해보니 총 공사대금 1억 원에 계약하면, 10월 초에 공사에 들어가서 내년 3월 말에는 완공이 가능하다고 한다. 총 6개월간의 기간이 걸리니, 파격적으로 공사업체와 12월 말에 50%의 중도금을 지급하고 내년 3월 말에 50%의 잔금을 지급하는 계약을 맺기로 하고 공사를 시작했다.

12월 말이 되어 공사 현장에 가보니 공사가 잘되는 것 같아 태윤이는 기분이 좋았다. 그런데 12월 말에 공사업체로부터 받은 세금계산서를 보고 태윤이는 조금 당황했다. 분명히 중도금 50%를 주기로 계약서에 쓰여 있는데, 세금계산서에는 5천만 원이 아니라 8천만 원이 적혀 있었던 것이다. 당황한 태윤이가 공사업체 사장님에게 전화를 했더니, 공사업체 사장님은 담당자의 실수로 세금계산서를 잘못 발행했으니 다시 발행해주겠다고 했다.

담당자의 실수라는 말에 안심이 되었지만 태윤이는 조금 이상하다는 생각이 들었다. 공사 수익은 계약서에 따라 공사대금을 안분[10]하면 쉽게 계산될 텐데, 왜 그런 실수를 했는지 이해가 되지 않는다. 공사업체의 규모도 나름 크기 때문에 이런 건이 한두 건이 아닐 텐데 담당자가 이런 실수를 했다는 사실도 이해가 되지 않는다.

도대체 공사업체의 담당자는 왜 이런 실수를 한 걸까?

실현주의에 따라 공사손익을 적용한다면?

대부분의 기업은 제품이나 서비스를 제공할 때에 발생주의를 수정 및 발전시킨 실현주의[11]를 적용해 수익을 인식한다. 하지만 제품을 생산하거나 서비스를 제공하는 데 장기간이 소요되는 건설계약

---

10 계약기간에 따라 공사대금을 청구한다면, 총 계약기간이 6개월이고 12월 말 현재 3개월이 지났으므로 공사대금 1억 원 중 5천만 원에 대해 청구가 가능하다.

등에 대해 실현주의를 그대로 적용하기에는 아무래도 무리가 있지 않을까?

재무회계에서는 최소한 1년[12]에 한 번은 기업의 경영성과를 보고 하도록 되어 있는데, 건설공사 등은 사업의 특성상 계약기간이 1년 이 넘는 경우가 많다. 따라서 단순히 실현주의를 적용시키면 공사가 완료될 때까지는 비용만 발생하고 수익은 발생하지 않는 사업으로 오해하기 쉽다. 만약 실현주의 관점으로 2019년과 2020년도의 손익 계산서를 작성하면, 공사업체는 2019년도에는 수익이 없는 비용만 발생하게 되고, 2020년도에는 공사 수익을 한꺼번에 인식하기 때문 에 공사업체의 2019년과 2020년의 손익은 완전히 다르게 표현된다 는 것을 알 수 있다.

▼ 실현주의에 기반한 공사업체의 손익계산서

단위: 만 원

구분	2019	2020	누적 손익	비고
공사수익	0	10,000	10,000	
공사원가	6,400	1,600	8,000	2019년 말 현재 공사원가는 6,400만 원 이 발생했으며, 2020년도에는 1,600만 원이 예상된다고 가정하자.
공사이익	(−) 6,400	8,400	2,000	

---

11 재무회계는 기본적으로 '발생주의'라는 대원칙 하에서 회계처리를 하도록 규정하고 있으 나, 수익인식기준은 '실현주의'로 인식하라는 별도 규정을 두고 있다.

12 재무회계에서는 다양한 회계기간을 구성할 수 있다. 다만 상법상에서는 회계기간을 1년 이내로 정하라는 규정이 존재하기 때문에 1년을 넘기기에는 현실적인 어려움이 있다.

한편 대금을 지급하는 계약조건이 따로 존재하므로 태윤이가 이해하는 것처럼 '계약 기간을 기준으로 50%가 지난 시점에 공사업체가 5천만 원의 수익을 인식하는 게 맞지 않냐'는 태윤이의 생각도 틀린 것만은 아니다.

▼ 계약주의에 기반한 공사업체의 손익계산서

단위: 만 원

구분	2019	2020	누적 손익	비고
공사수익	5,000	5,000	10,000	
공사원가	6,400	1,600	8,000	
공사이익	(−) 1,400	3,400	2,000	

다만 건설공사와 같이 장기간 동안의 계약에 의해 매출이 발생하는 수주산업[13]의 경우, 재무회계에서는 '(공사)진행률'에 따라 수익을 인식할 수 있도록 규정하고 있다. 진행률이라는 말만 생각한다면 다양한 방식으로 산출할 수 있다. 계약서상 '계약금·중도금·잔금'을 각각의 진행률로 산정할 수도 있고, 공사계약기간을 일자별로 안분해 진행률을 계산할 수도 있다. 또한 발생원가를 기준으로 진행률을 계산할 수도 있다.

---

13 수요자의 주문에 의해 생산하는 산업을 의미하며, 수요량이 적고 거래가격이 거액인 건설공사 등이 이에 해당된다.

단위: 만 원

	공사대금 기준		계약기간 기준	
	공사금액	진행률	공사기간	진행률
2019	5,000	50%	3개월	50%
2020	5,000	50%	3개월	50%
누적	1억	100%	6개월	100%

공사진행률을 누적기준으로 산출하는 이유

재무회계에서는 (공사)진행률은 회계기간 중에 실제로 투입한 원가금액을 총공사(예정)원가로 나누어 계산하는 방식만을 인정하고 있다. 그런데 그 이유는 무엇일까?

수익과 비용을 대응하는 측면에서 본다면 공사원가를 기준으로 수익을 인식하는 방법도 어느 정도 합리적인 것 같다. 다만 문제는 아무리 전문성을 가지고 있더라도 공사업체가 총공사원가를 정확하게 예측하기 어렵다는 데 있다.

건설공사의 경우 계약기간이 길기 때문에 다양한 변수가 발생한다. 따라서 총공사원가는 공사 기간 중에도 계속 변경되므로 공사가 완료되고 나서야 정확하게 집계될 수 있다. 하지만 공사가 완료된 시점에 손익계산서를 작성하면 기간별 손익계산서가 왜곡된다. 이러한 단점을 보완하기 위해서 재무회계에서는 공사진행률을 누적기준[14]으로 산출하도록 하고 있다.

태윤이가 거래하고 있는 공사업체에서 총공사예정원가를 8천 만 원으로 추정했는데, 12월 말 현재 6,400만 원의 누적공사원가가 발생했다면 공사진행률이 80%로 계산된다. 이에 따라 재무회계 관점에서 공사업체의 담당자는 12월 말까지의 누적공사수익으로 8천만 원을 인식할 수 있다.

▼ 총공사원가상 공사진행률에 따른 공사업체의 손익계산서

단위: 만 원

총공사(예정)원가	공사진행률	
	8,000	
2019	6,400	80%
2020	1,600	20%
누적	8,000	100%

단위: 만 원

	2019	계산 근거
공사수익	8,000	총공사대금(1억) x 누적공사진행률(80%)
공사원가	6,400	실제 발생한 공사원가
공사이익	1,600	공사수익 − 공사원가

---

14 공사예정원가는 결산시마다 변경되는 것이 일반적이기 때문에 누적진행률을 적용하는 것이 합리적이다.

수익인식기준과 대금지급기준의 차이 해결법

　태윤이도 계약조건과 상관없이 공사업체의 공사진행률에 따라 대금을 지급해야 하는 걸까? 공사업체가 인식한 공사수익은 재무회계 관점에서 수익을 인식하는 기준에 국한된다. 공사업체와 태윤이 간의 공사대금을 주고받는 권리와 의무는 계약 조건에 따라 발생하기 때문에 수익인식기준과 차이가 존재한다.

　그러므로 계약 조건에 따라 12월 말 현재 태윤이가 5천만 원을 지급할 의무가 발생했고, 공사업체는 5천만 원을 받을 권리가 발생한 것으로 볼 수 있다.

　그렇다면 재무회계 기준에 따라 발생한 공사 수익 8천만 원과 계약서에 따라 발생한 5천만 원의 차이는 어떻게 되는 걸까? 재무회계에서는 공사업체가 진행률에 따라 인식된 공사수익 8천만 원과 실제 계약관계에 따라 발생한 5천만 원의 차이인 3천만 원을 '미청구공사[15]'라는 자산 계정과목으로 인식하도록 규정하고 있다.

　미청구공사를 인식했다고 해서 공사업체가 태윤이에게 3천만 원을 추가 청구할 수는 없다. 미청구공사가 발생하는 이유는 주로 발주처가 건설업체의 공정률이나 사업비용[16]을 인정하지 않기 때문이다. 따라서 태윤이의 입장에서는 공급업체에서 계산한 진행률은 중

---

15 진행률에 따라 인식할 공사수익보다 계약상 받을 금액이 더 크게 발생하는 경우에는 '초과청구공사'라는 부채계정으로 인식할 수 있다.
16 실제 발주처와 건설업체가 동일한 공정률에 따라 대금을 지급할지라도, 발생한 공사원가 또는 총공사예정원가에 이견이 있다면 진행률이 달라질 수 있다.

요하지 않으므로 공급업체에 지급할 5천만 원을 미지급채무로 인식하면 되며, 미청구공사는 별도로 고려할 필요가 없다.

채권자와 채무자의 인식 기준에 차이가 있음에도 불구하고 재무회계에서 수주산업에 대해 진행기준을 권고하는 이유는 해당 기준이 '수익비용대응의 원칙'에도 부합하고 재무제표의 기간별 비교가능성을 증대시킬 수 있기 때문이다.

다만 공사진행률 추정에 대한 신뢰가 중요하기 때문에, 재무회계에서는 진행률을 적용할 수 있는 공사계약 대상을 제한하고 있다. 따라서 실제 진행률 기준을 적용하기 위해서는 회계기준을 면밀히 살펴볼 필요가 있다.

▼ 공사계약에 따른 공사업체 및 태윤이의 채권 및 채무 현황

단위: 만 원

	2019	비고		2019	비고
	공사업체의 입장			태윤이의 입장	
매출채권	5,000		미지급금	5,000	
미청구공사	3,000	태윤이에게 청구할 수는 없지만 의무를 충분히 수행했으므로 추후 받을 수 있는 돈			태윤이의 입장에서는 계약상 공사업체에게 지급할 의무가 없음
총계	8,000			5,000	

총공사예정원가에
도사린 함정

신문기사에서 수주산업의 회계처리 방식을 검색하면 수익인식과 관련된 이슈를 쉽게 찾아볼 수 있다. 공사진행률을 조작하면 얼마든지 당기손익을 왜곡할 수 있기 때문이다.

공사진행률 계산 방식을 살펴보면 '실제(누적)발생원가'와 '총공사예정원가'로 구성되어 있는데, 실제발생원가는 세금계산서 등이 발행되어 이미 금액이 확정되었으므로 상대적으로 신뢰성이 높다고 할 수 있다. 하지만 총공사예정원가는 공사업체에서 어떻게 예측하는지에 따라 다양한 옵션이 가능하기 때문에 보는 사람마다 다른 해석이 가능하다는 데 문제가 있다.

손익계산서에서
'매출'이 사라졌다?

알아두면 좋을 손익계산서 상식

다양한 손익계산서의 종류

손익계산서의 구조는 앞에서 이야기한 것과 같이 '매출액'으로 시작하는 것이 일반적이다. 그런데 일부 법인의 손익계산서를 살펴보다 보면 매출액, 매출원가 및 매출총이익이 통째로 사라진 채로 '영업이익'부터 시작하는 것을 종종 볼 수 있다.

왜 이런 모양의 손익계산서가 존재하는 걸까? 그 이유는 기업들의 수가 폭발적으로 증가함에 따라 다양한 기업들의 성과를 빠르고 쉽게 비교하기 위해 회계 기준이 통일될 필요성을 느끼는 과정에서 기업회계기준이 발생한 데서 찾을 수 있다.

산업혁명을 거치면서 기업들의 규모가 커지게 되었는데, 그 당시에는 대부분의 기업이 제조를 기반으로 하고 있었다. 일반적으로 제조업에서는 매출 및 매출원가가 가장 중요한 거래이기 때문에 손익계산서의 전통적인 양식은 매출액부터 시작한다.

그러나 현대 사회로 넘어오면서 제조업뿐만 아니라 은행, 보험 등 금융업, 서비스업이 활발하게 발생했다. 이러한 금융 및 서비스업은 별다른 제조기반 없이 수익이 발생하는 데 그 특성이 있다. 서비스업은 별도의 제조과정에서 발생하는 매출원가 및 재고자산 계정이 필요없는데, 그 이유는 수익에 대응되는 대부분의 비용이 판매비와 관리비 같은 일반비용에서 발생하기 때문이다.

은행업의 손익계산서는 오른쪽 표와 같다. 주요 수익이 이자수익 및 수수료수익이며, 관련된 비용이 이자비용 및 수수료 비용이다. 따라서 '은행업'의 손익계산서에는 이자손익 및 수수료손익이 제일 먼저 표기된다.

서비스업의 손익계산서도 마찬가지다. 카카오는 모바일 인터넷서비스를 통해 수익을 창출하기 때문에 영업수익이 바로 손익계산서에 표기된다. 이처럼 제조 과정 없이 수익을 창출할 수 있는 서비스업의 경우에는 손익계산서상에 굳이 매출 및 매출원가를 표기할 필요가 없다.

▼ 우리은행의 2017년 재무제표 중 손익계산서

주식회사 우리은행

단위: 백만 원

과목	제184(당)기		제183(전)기	
I . 영업이익		1,790,558		1,270,501
1. 순이자이익(주석34, 45)	4,390,603		4,222,447	
(1) 이자수익	7,385,721		7,376,713	
(2) 이자비용	2,995,118		3,154,266	
2. 순수수료이익(주석35, 45)	931,021		842,883	
(1) 수수료이익	1,072,838		989,806	
(2) 수수료비용	141,817		146,923	
3. 배당수익(주석36, 45)	125,599		220,015	
4. 당기손익인식금융상품관련손익(주석37)	(96,983)		97,225	
5. 매도가능금융자산관련손익(주석38)	135,003		35,525	
6. 신용손실에 대한 손상차손(주석39, 45)	(553,204)		(640,443)	
7. 일반관리비(주석40, 45)	(3,128,725)		(3,115,371)	
8. 기타영업손익(주석40, 45)	(12,756)		(391,780)	
II . 영업외손익(주석41)		(170,336)		40,144
1. 종속기업 및 관계기업투자자자산평가손익(주석13)	(133,948)		(13,970)	
2. 기타영업외손익	(36,388)		54,114	
III . 법인세비용차감전순이익		1,620,222		1,310,645
IV . 법인세비용(주석42)		344,110		245,043
V . 당기순이익		1,276,112		1,065,602

▼ 카카오의 2017년 재무제표 중 손익계산서

주식회사 카카오와 그 종속기업   단위: 원

과목	주석	제23(당)기	제22(전)기
Ⅰ. 영업수익	6	1,972,326,479,100	1,464,232,790,315
Ⅱ. 영업비용	29	1,806,946,951,495	1,348,097,734,514
Ⅲ. 영업이익		165,379,527,605	116,135,055,801
Ⅳ. 기타수익	30	36,246,784,562	25,257,035,492
Ⅴ. 기타비용	30	90,567,966,498	31,405,978,271
Ⅵ. 금융수익	31	78,946,721,408	24,672,790,081
Ⅶ. 금융비용	31	45,743,621,319	23,979,488,173
Ⅷ. 지분법이익	15	26,474,599,114	1,014,827,641
Ⅸ. 지분법손실	15	17,438,319,472	11,398,630,463
Ⅹ. 법인세비용차감전순이익		153,297,725,400	100,295,612,108
Ⅺ. 법인세비용	21	28,203,826,088	34,840,495,125
Ⅻ. 당기순이익		125,093,899,312	65,455,116,983

포괄손익은 무엇인가?

가끔 기업들의 손익계산서를 보다 보면 '포괄손익'이란 낯선 용어가 종종 눈에 띈다. 이름부터가 너무나도 생소하기 때문에 회계 실무에 몸담고 있는 사람들도 해당 용어에 익숙해지기에는 꽤 오랜 시간이 걸릴 것으로 예상된다.

K-IFRS(한국채택국제회계기준)가 도입되면서 가장 큰 변화 중 하나는 손익계산서에 주주와의 자본거래를 제외한 모든 거래를 표현

하도록 규정하고 있는 것인데, 이를 '포괄손익'이라고 한다. 나중에 자세히 설명하겠지만, 자산에서 부채를 뺀 '순자산'이 주주가 누릴 수 있는 성과의 결과이다.

이러한 성과의 결과는 '당기순이익'의 증감뿐만 아니라 기타 자본의 증감에서도 발생할 수 있다. K-IFRS에서는 적극적인 경영성과를 표현하라는 의미에서 손익계산서에 '당기순이익'뿐만 아니라 당기순이익을 제외한 '기타포괄손익'도 포함하고 있다.

▼ LG전자의 2017년 재무제표 중 포괄손익계산서

[포괄손익계산서]
제16기: 2017년 1월 1일부터 2017년 12월 31일까지
제15기: 2016년 1월 1일부터 2016년 12월 31일까지

주식회사 LG전자

단위: 백만 원

과목	주석	제16기		제15기	
당기순이익(손실)			758,046		(276,487)
법인세비용차감후기타포괄이익			94,244		153,815
후속적으로 당기손익으로 재분류되지 않는 항목:					
순확정급여부채의 재측정요소	17	66,233		154,841	
후속적으로 당기손익으로 재분류될 수 있는 항목:					
현금흐름위험회피	36	29,191		(656)	
매도가능금융자산	7	(1,180)		(370)	
총포괄이익(손실)			852,290		(122,672)

이 예시처럼 '기타포괄이익'은 포괄손익계산서에서 보고되는 '당기순이익'의 아랫단에 자리잡고 있기 때문에 당기순이익에 반영되지 않는다.

기타포괄손익의 항목에는 매도가능증권평가손익, 해외사업환산손익 및 현금흐름위험회피 파생상품평가손익 등이 있는데, 해당 항목들은 당기순이익에는 반영되지 않는 '미실현손익'이지만 추후 실현될 때 당기순이익에 반영될 수 있는 항목들이다.

회계 기초를 이해하는 과정에서 '포괄손익' 개념은 난해한 용어이며 기업 실무에서는 잘 활용되지 않는 항목이다. 그러므로 이러한 항목이 있다는 사실만 이해하면 충분할 것 같다. '기타포괄이익'은 비록 당기에는 실현되지 않지만 향후 기업의 경영성과에 영향을 끼칠 항목들을 보여줌으로써 재무제표 이용자에게 보다 완전한 정보를 제공하기 위한 목적으로 K-IFRS에서 규정하고 있다는 사실만 이해하고 넘어가자.

세상에는 3대 거짓말이 있다고 흔히 이야기한다. 그 중에 하나가 "장사하는 사람이 밑지고 판다"는 말이라고 하는데, 이를 회계용어로 바꾸면 '원가 이하로 판매한다'는 의미라고 볼 수 있다. 그렇다면 과연 여기서 말하는 '원가'의 의미는 무엇일까? 그리고 우리가 일상생활에서 자주 활용하는 '제품원가'는 어떻게 계산되는 걸까? 원가의 의미, 원가계산 방법, 원가가 어떻게 경영에서 활용되는지를 자세히 알아보자.

2장

원가의 발견

도대체
원가가 뭐야?

원가의 정의

총원가? 매출원가? 제조원가? 원가의 개념은 그 목적에 따라 총원가, 제조원가 및 매출원가 등 다양하게 분류된다.

태윤이와 같은 동네에서 자영업을 하는 최사장은 그동안 중국 관광객들 덕분에 재미를 많이 봤다. 최사장이 취급하는 품목 중에 화장품이 있는데, 중국 관광객들에게 인기가 많았기 때문이다.

하지만 최근 들어 중국 관광객의 입국이 뜸해지면서 나날이 최사장의 한숨이 늘어만 가는 것 같아 걱정이다. 같은 동네에서 장사하는 태윤이도 남 일 같지만 않기 때문이다.

그러던 어느 날 최사장의 가게에 '원가 이하 판매'라는 슬로건이 크게 걸리면서 다시 영업이 활기를 띄기 시작했다. 지난 주말 동네 맥주집에서 최사장이 동네 사람들에게 이야기한 대책 중 하나인 것 같았다.

모르는 처지도 아니고, 마침 태윤이도 화장품이 필요해서 최사장 가게를 찾았다. 그런데 태윤이는 최사장의 가게에 진열된 화장품 가격이 좀 이상하다는 걸 느꼈다. 평소 '1만 원'에 팔던 화장품의 원가가 '2천 원'도 안 된다며 마진이 많이 남는다고 자랑하곤 했었는데, '원가 이하 판매'라는 슬로건과는 달리 '1만 원'짜리 화장품이 '5천 원'에 판매된다고 쓰여 있는 것이었다.

이상하다 싶어 최사장에게 조용히 물어봤더니, 최사장은 '재료비' '인건비' '매장임대료' 등을 빼면 원가인 '5천 원'에 팔아도 손해라며 딱 잘라 말하는 것이다. 평소 '2천 원'도 안 된다던 원가가 왜 갑자기 '5천 원'이 넘는다고 하는지 태윤이는 최사장의 말이 전혀 납득이 안 된다. 뭔가 이상하다 싶어 사업에 대한 경험이 많은 장사장의 눈치를 살폈지만 그 역시 당연하다는 듯한 표정이다.

분명 예전에 최사장이 이야기한 원가는 '2천 원'이 채 안 됐는데, 왜 지금은 '5천 원'도 넘는다는 걸까? 원가라는 개념이 도대체 뭐길래 이런 이야기에 다들 수긍하는지 태윤이는 알쏭달쏭하다.

회계에서는 원가라는 개념을 어떻게 정의하고 있을까?

총원가? 매출원가? 제조원가?

일상생활에서 가장 자주 접하는 회계 용어 중 하나가 '원가'다. 경기가 어려울 때면 "요즘 사정이 어떠냐"는 질문에 "(원가를 빼면) 팔아도 아무것도 안 남는다" "눈물을 머금고 원가 이하로 판매한다" 등의 이야기를 하곤 한다.

또한 기업 내에서도 "원가를 절감해야 한다" "재고자산도 원가다" "원가를 잘 관리해야 한다" 등 다양한 의미로 원가를 사용하곤 한다. 이렇게 다양한 의미로 사용되는 원가이지만, 막상 "원가가 뭐냐?"는 질문에는 많은 사람이 쉽게 대답하지 못한다. 원가라는 개념이 사람마다 다르기 때문이다.

실제로 우리가 자주 언급하는 원가라는 용어는 단순한 것 같지만, 회계에서는 다양한 의미로 활용된다. 제품을 판매할 때 매출에 대응되는 원가는 '매출원가'로 불리며, 제품이나 서비스를 생산하기 위해 발생하는 원가는 '제조원가'로 불린다. 또한 판매가격을 정할 때는 제조원가뿐만 아니라 건물임대료, 광고비 및 물류비 등 판매와 관련된 비용을 포함해야 하는데, 이때 사용되는 원가를 '총원가'라고 한다.

이미 신문기사나 경영잡지에서 자주 논의된 사례지만, 커피 한 잔의 원가를 소비자들은 단순히 커피에 들어간 원두가격과 인건비 정도로 생각하지만, 커피 가게 사장님들은 건물임대료 및 광고비 등도 원가에 포함한다. 이러한 비용들도 커피 판매를 위해 발생하는 필수 비용이기 때문이다.

이렇듯 매출을 위해 필수적으로 발생하는 모든 비용의 합을 '총원가'라고 한다. 이외에도 원가의 개념은 다양한 방법으로 분류되는데, 원가의 개념이 다양한 이유는 원가가 기업 활동에 그만큼 중요하며, 정보 이용자로부터 다양한 요구사항이 발생하기 때문이다.

특히 '매출원가'와 '제조원가'의 개념을 혼동하는 경우가 종종 있는데, 해당 개념의 차이를 명확히 해둘 필요가 있다. 제품의 생산은

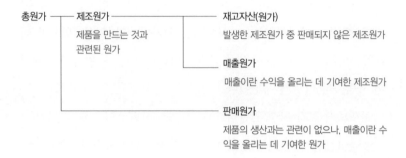

원재료의 구입, 노동의 투입 및 설비의 활용 등을 통해 재공품 또는 반제품[1]을 거쳐 제품으로 생산된다. 그렇게 생산된 제품의 원가는 재무회계상 바로 '비용'으로 인식되지 않고 '재고자산'이라는 이름으로 자산으로 기록된다. 비용으로 인식되기 위해서는 대응[2]되는 매출이 발생해야 하기 때문이다. 재고자산으로 인식한 제품이 팔리는 경우에 한해 해당 시점에 제품에 들어간 비용만이 '매출원가'로 대체될 수 있다는 의미이다.

태윤이가 커피와 함께 빵을 판매한다고 가정해보자. 태윤이가 1천 개의 빵을 생산하기 위해 총 들어간 원가가 100만 원인데 700개를 팔고 300개가 남았다면, 빵을 생산하기 위한 총 제조원가는 100만 원이지만 700개의 빵을 판매했기 때문에 매출원가는 70만 원

---

1 재공품과 반제품은 전부 미완성된 제품이지만, 반제품은 그 상태로 외부에 판매할 수 있다는 점에서 재공품과 차이가 있다.
2 회계이론상 이를 '수익비용대응의 원칙'이라고 한다.

이 된다. 그리고 아직 팔리지 않은 300개의 빵을 생산하기 위해 투입된 30만 원의 제조원가는 재고자산으로 분류된다고 볼 수 있다.

따라서 '매출원가'란 당기에 '판매된' 제품의 원가를 손익계산서상에 비용으로 인식하는 것을 의미하며, '제조원가'란 당기에 '생산한' 제품의 원가로 '원가'라고 이름이 붙여졌지만 팔릴 때까지는 비용이 아니라 자산으로 인식된다는 점에서 구별된다.

참고로, 기업의 내부 관리 목적으로 활용되고 있는 관리회계[3] 관점에서는 제품 생산에 투입된 원가가 중요하기 때문에 제조원가의 정확한 관리를 강조한다. 제조공정에서 발생하는 단계별 제조 원가를 정확히 파악함으로써 낭비 요소의 제거 및 원가 절감을 통해 손익을 개선할 수 있기 때문이다.

▼ 제조공정과 재무회계 기록

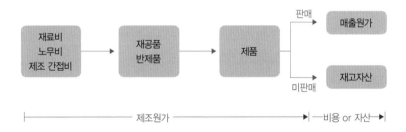

---

3 관리회계란 내부보고 목적으로 회계정보를 제공하기 위한 회계를 의미하며, 외부보고 또는 공시 목적으로 회계정보를 제공하는 재무회계와는 차이가 있다.

원가관리의 기본은 원가 성격 분류

제품 판매와 관련된 총원가는 매출원가와 판매원가로 구성되어 있으며, 그 중 매출원가가 큰 비중을 차지한다. 또한 제조회사의 경우 내부적으로는 제조원가의 관리가 중요하기 때문에, 회계에서는 특별한 경우를 제외하고는 원가라고 하면 일반적으로 '제조원가'를 의미한다. 이러한 <u>제조원가는 전통적으로 재료비, 노무비 및 제조경비[4]로 구분</u>된다.

제품별로 추적될 수 있는 비용인 경우에는 직접원가로 분류된다. 여러 제품에 공통으로 발생하는 경우에는 제품의 원가를 직접 추적할 수 없기 때문에 간접원가로 분류된다.

과거 산업화 초기에는 제품의 생산과정이 단순하고 노동 용역에 크게 의존했기 때문에 생산량과 직접적인 연관성이 큰 재료비와 노무비의 비중이 컸었다. 그러나 자동화 및 대량화 등으로 생산 방식이 크게 변화함에 따라 제조경비의 비중이 커지게 되면서 제조원가의 계산이 어렵게 되었는데, 제조경비는 대부분 생산량 등과 관계가 없는 간접원가로 구성되기 때문이다.

원가계산의 궁극적인 목적은 제품별 원가를 계산하는 것이기 때문에 이러한 간접원가는 일정한 가정을 통해 배부 기준을 이용해 제

---

4 제조경비를 제조간접비와 혼용해서 사용하는데, 엄격한 의미에서는 제조경비를 제조직접비와 제조간접비로 구분할 수 있다. 하지만 실무상에서는 제조경비의 대부분은 '제조간접비'로 구성되므로 이를 혼용해서 사용하고 있다.

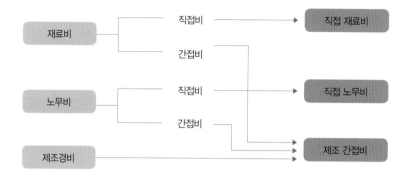

품별 원가를 계산하게 된다. 그런데 이러한 간접원가의 배부는 제품 원가 계산을 골치 아프게 만드는 존재이기도 하다.

태윤이가 운영하는 카페를 예로 들어보자. 커피의 원가는 원두의 구입가격인 원재료비, 커피를 추출하는 종업원의 급여인 노무비, 커피를 추출하기 위한 에스프레소 머신 비용 등의 제조경비 등으로 구성될 수 있다.

커피의 원재료인 원두가격은 커피의 판매량에 따라 비례해 증가한다. 하지만 커피를 추출하는 에스프레소머신 등의 제조경비는 태윤이가 하루에 몇 잔을 뽑든지 상관없이 구입비용인 총 발생비용은 동일하다. 따라서 하루에 가능한 많은 커피를 추출하는 게 이득이지만, 판매되지 않은 커피는 바로 폐기되기 때문에 커피를 많이 뽑는 것이 능사는 아니다.

종업원 급여의 경우에는 산업의 성격에 따라 조금 다르다. 만일 커피를 만드는 직원과 매장을 운영하는 직원이 다르다면, 커피를 만드는 직원의 급여는 직접비에 해당한다. 또한 해당 직원의 급여는 커피제조원가에 포함된다. 하지만 종업원이 커피를 제조하고 매장을 운영하는 일을 동시에 한다면 해당 직원의 급여는 간접비의 성격이 크다. 또한 매장운영과 관련된 비용은 제조원가가 아니라 판관비에 포함된다.

'제품'과 '상품'은 어떻게 다를까?

재무제표를 살펴보면 '제품'과 '상품'이라는 용어가 각각 표기되어 있는 것을 볼 수 있다. 아무 생각 없이 볼 때는 두 용어가 동일한 개념이라고 오해할 수도 있지만, 회계에서는 두 용어를 구분해 관리하고 있다.

국어사전을 찾아보면, 제품은 '원료를 써서 만들거나 그렇게 만들어낸 물품'이라고 정의되어 있으며, 상품은 '사고파는 물품, 즉 상거래를 목적(법률)으로, 장사로 파는 물건 또는 매매를 목적으로 한 재화(경제)'라고 표기되어 있다. 즉 기업이 스스로 원재료를 구입해 물건을 만들어 판매하는 경우에는 제품으로 표기하고, 완성되어 있는 제품을 사서 되파는 경우에는 상품이라고 표기한다. 따라서 제조업을 위주로 하는 기업들은 재무제표상 제품으로 표기하고, 유통 또는 도매업을 위주로 하는 기업들은 상품으로 표기한다는 것을 알 수 있다.

사이 좋게 나눠 갖자, 원가 배부

제조간접비의 배부 기준

공통비 또는 간접비를 배부하는 기준에 정답은 없지만, 회계에서는 목적에 따라 다양한 배부 기준을 제시하고 있다.

태윤이는 오랜만에 첫 회사의 입사동기였던 친구들을 만나기로 했다. 벌써 20년의 세월이 흘렀지만 여전히 친구들이 반갑기만 하다. 시간이 많이 지나서 그런지 이제는 서로 간의 삶의 터전이 많이 바뀌었다는 것을 느꼈다. 태윤이처럼 자영업을 시작한 친구가 있는가 하면, 회사에서 임원으로 승진한 친구도 있었다. 직장을 다니다 학교로 돌아가서 지금은 학생들을 가르치는 교수가 된 친구도 있었다.

태윤이와 친구들은 옛 생각을 하며 첫 회사 근처에 있는 삼겹살집에서 소주를 마시며 추억을 공유했다. 감동적인 회식이 마무리되고 계산을 할 무렵, 태윤이와 친구들이 저마다 자신이 계산하겠다고 즐거운 아우성이다. 중간에서 가만히 고민하던 한 친구가 "경기도 어려운데 이럴

게 아니라 공평하게 나눠 내자"는 제안을 했다. 다들 그 말에 고개를 끄덕이며 계산서의 금액을 1/N로 나누어 냈다.

집으로 돌아가는 중에 태윤이는 문득 한 가지 궁금한 점이 떠올랐다. 함께 먹었던 계산서를 어떻게 배부하는 것이 합리적일까? 회계에서는 이런 경우 배부하는 기준이 별도로 있을까?

공통비용(또는 간접비)은 왜 발생할까?

발생된 비용을 나누는 가장 합리적인 방법은 비용을 발생한 주체에게 부담시키는 방법이다. 태윤이와 친구들이 1인 테이블에 앉아서 각자 삼겹살을 먹고 소주를 마셨다면 정확한 비용을 각자 부담할 수 있었을 것이다. 하지만 여러 명이 비용을 공동으로 부담하는 경우에는 어떻게 비용을 나눌지에 대한 고민이 발생하기 마련이다.

이런 경우 비용을 나눌 때 가장 쉽게 떠오르는 대안이 바로 '1/N 법칙'이다. 발생한 비용을 사람 수대로 나누어 똑같이 가격을 부담하는 것인데, 과연 이 방법이 모든 사람이 만족할 수 있는 합리적인 방법일까?

결론적으로 이야기하면 회계에서도 정확하게 어느 것이 정답이라고 말할 수 있는 방법은 없으며, 배부 의도에 부합하는 다양한 배부 방법을 제시할 뿐이다. 왜냐하면 회계적 관점에서 보면 해당 금액은 직접적인 원인을 찾기 어려운 간접(또는 공통) 원가[5]이기 때문이다.

공통비는 잘 나누는 것이 중요하다: 원가 배부의 의미

실제로 공통비용 또는 간접비용의 배부는 원가 계산에서도 자주 발생하는 어려운 주제 중 하나이다. 원가계산에서 가장 중요한 작업 중 하나가 직접원가와 간접원가를 정확하게 분류하고, 분류된 간접원가를 가능한 합리적인 배부기준을 찾아 제품에 배부하는 것이다. 기업이 여러 제품을 생산하는 경우에는 간접원가를 어떻게 배부하느냐에 따라서 제품의 원가가 다르게 계산되기 때문이다.

가령 카페에서 빵과 커피를 함께 판매한다고 할 경우, 커피에 들어가는 원두는 커피를 만들기 위해 투입되는 비용이므로 커피와 관련된 직접비라고 볼 수 있으며, 밀가루 또한 빵과 관련된 직접비라고 볼 수 있다. 다만 카페에서 종업원이 커피와 빵을 동시에 만들고 있다면 종업원의 급여를 커피 또는 빵과 관련된 직접비라고 볼 수 있을까? 가게 임대료, 전기세, 수도세 등 매장 관리비를 커피 또는 빵과 관련된 비용으로 정확하게 나눌 수 있을까?

이렇듯 여러 제품을 생산하기 위해 공통으로 발생되는 원가인 간접원가는 제품별로 발생원가를 정확하게 부과하기 어렵기 때문에 '원가 배부'라는 절차가 필요하다. '원가 배부'란 사전적인 의미로는 원가를 어떤 대상에 할당한다는 의미이다.

---

5   혼그린의 『Cost Accounting』의 정의를 인용하면, '간접원가란 주어진 원가대상과 관련된 원가이지만, 경제적으로 실행 가능성이 있는 방법에 의해서 그 원가대상으로 추적될 수 없는 원가'로 정의될 수 있다.

나누는 기준은 다양하게

정확한 원가계산을 위해서는 간접원가를 합리적으로 배부하는 것이 특히 중요하다. 빵과 커피를 함께 만드는 사례에서도 알 수 있듯이 종업원급여, 매장 관리비 등을 어떻게 생산된 빵과 커피에 배부하느냐에 따라 빵과 커피에 대한 제품원가는 제각기 다르게 계산되기 때문이다.

그렇다면 앞의 사례에서 회식에 참석했던 사람들에게 어떻게 회식비를 배부하는 게 합리적일까? 다행히 회계에서는 간접원가를 원가대상, 사례에서는 돈을 내야 하는 태윤이와 친구들에게 배부하는 다양한 기준을 제시하고 있다.

첫 번째로 생각할 수 있는 기준은, 많이 먹었을 것이라고 예상되는 사람이 돈을 더 부담하도록 하는 것이다. 하나하나 세지 않는 이상, 각자가 정확하게 몇 점의 삼겹살을 먹고 몇 잔의 소주를 마셨는지를 아는 것은 어려울 것이다. 하지만 일반적으로 몸무게가 많이 나가는 사람 또는 평소에 식성이 많은 사람이 돈을 더 부담하도록

▼ 원가 배부 기준

인과관계 기준	원가 배분대상에 제공된 서비스 또는 활동에 비례해 간접원가를 배분
수혜 기준	원가 배분대상이 간접원가로부터 제공받은 경제적 효익의 정도에 비례해 원가를 배분
부담능력 기준	원가 배분대상의 원가부담능력에 비례해 간접원가를 배분
공정성과 공평성 기준	공정성과 공평성에 의해 간접원가를 배분해야 한다는 원칙을 강조하는 포괄적인 기준

요구할 수 있는데, 이런 사람들이 일반적으로 더 많이 먹기 때문에 이런 기준을 '인과관계 기준'이라고 한다.

인과관계 기준을 사용할 때 무엇보다도 주의할 점은 자원 사용이다. 즉 삼겹살과 소주의 원인이 되는 변수를 찾아내는 것이다. 경우에 따라서는 인과관계가 되는 변수를 잘못 찾아낸다면 비용 배분을 하지 않은 것보다 더 못할 수도 있다.

두 번째로 생각할 수 있는 기준은, 회식 당시에 삼겹살과 소주를 무척 먹고 싶었던 사람이 돈을 더 부담하도록 하는 것이다. 평소에 삼겹살과 소주를 먹고 싶었는데 이번 회식에서 충분히 즐겼다면 그 사람의 만족도, 경제학 용어로 이야기하면 효용이 다른 사람들에 비해 훨씬 높았을 것이다.

또는 삼겹살과 소주가 아니더라도 이번 회식으로 만족도가 더 높은 사람도 있을 것이다. 이러한 기준을 '수혜기준 또는 수혜자 부담 원칙'이라고도 하는데, 원가 배부대상인 간접원가로부터 제공받은 경제적 효익 또는 각 수혜자가 받은 수혜비율의 정도에 비례해 원가를 배부한다는 기준이다.

세 번째로 고민해볼 방식은, 태윤이와 친구들 각자의 월급에 따라 비용을 부담하거나 본인들이 가지고 있는 순자산에 비례해 부담하는 것이다. 만일 회식비용으로 20만 원이 발생했다면, 20만 원이라는 돈에 대한 사람들의 상대적인 가치는 각각 다를 것이다. 용돈이 많거나 용돈 외 수입이 많은 사람에게는 20만 원이라는 돈이 크게 느껴지지 않겠지만, 적은 용돈을 받아 쓰는 입장에서는 20만 원이라는 돈은 무척 크게 느껴질 것이다. 이러한 방식으로 원가를 배부하는 것을 '부담능력 기준'이라고 한다. 이것은 원가 대상의 부담능력에 비례해 배부하는 기준으로, 일반적으로 보다 많은 수익을 올리는 쪽이 간접원가를 더 많이 부담할 수 있는 능력이 있다는 가정에 기반하는 방식이다.

마지막으로 소개할 방식은 '공정성 혹은 공평성 기준'이다. 이 기준은 공정성과 공평성에 의해 간접원가를 배부해야 한다는 원칙을 강조하는 포괄적인 기준이다. 사례에서의 '1/N 법칙'도 여기에 해당될 수 있는데, 이 기준은 대부분의 배부 결정에 대해 운영기준이라기보다는 고상한 목적에 있다는 데 한계가 있다. 각 원가 대상이 되는 태윤이와 친구들이 생각하는 공정성 또는 공평성은 다 다르기 때문이다.

간접비를 직접비로 바꾸면 원가 배부 문제가 사라질까?

원가 배부 기준을 잘 살펴보면 어떤 기준으로 배부하느냐에 따라 제품의 원가는 다르게 계산된다는 사실을 알 수 있다. 그런데 꼼꼼히 측정하면 간접비는 발생하지 않을 수도 있을 것 같다.

만약 태윤이와 친구들 중에 한 명이 누가 얼마만큼의 삼겹살을 먹었는지, 누가 얼마만큼의 소주를 마셨는지를 하나하나 체크한다면 간접비는 발생할 이유도 없으며, 회식비를 어떻게 나누어야 하는지에 대한 고민도 없을 것 같다. 하지만 회식 자리에서 태윤이와 친구들 중 한 명이 즐거운 회식자리를 포기하고 얼마나 먹었는지를 체크

하는 것은 실제로 쉽지 않은 일이다.

　마찬가지로 기업에서도 간접비를 직접비화하기 위해서는 꼼꼼하게 비용 발생원인을 하나하나 확인해야 한다. 그런데 이럴 경우 효익 대비 비용이 너무 크게 발생하기 때문에 실무상에서는 간접원가가 발생하기 마련[6]이다.

배부 방식에 대한
첨예한 논쟁

경영실무에서 원가를 포함한 비용의 배부는 생각보다 중요한 주제이다. 특히 관리를 목적으로 세분화된 책임회계를 운영하고 있는 회사의 경우, 간접비 또는 공통비를 어떻게 배부하느냐에 따라 책임단위의 손익에 많은 변화가 발생한다.

일반적으로 경기가 좋은 시절에는 간접비 또는 공통비 배부와 관련된 이슈가 별로 없다. 하지만 경기가 어려운 시절에는 간접비 또는 공통비의 배부에 따라 해당 책임단위의 손익이 영향을 많이 받는 경우가 종종 생기므로 매우 민감한 사항이 되기도 한다.[7]

안타까운 점은 기업이 간접비 배부의 정확성 또는 합리성을 중요하게 찾는 시기는 기업의 이익이 이미 낮을 대로 낮아져 있거나 손실로 전환되는 시기가 다반사라는 것이다. 이런 경우 해당 회사는 책임단위별로 성과를 정확하게 측정하려는 목적으로 손익관리를 재정비하게 되는데, 경

---

7 경기가 어려울 땐 일반적으로 영업이익이 낮게 산출되는데, 만약 이에 간접비 또는 공통비를 과다하게 배부되는 경우 영업이익이 손실로 전환되는 경우도 종종 발생한다.

우에 따라 재정비된 책임단위의 손익은 간접비 또는 공통비의 배부 방식에 따라 이익에서 손실로 바뀌는 경우도 종종 발생한다.

이런 연유로 당연히 이해관계자들 사이에서는 배부 방식에 대한 첨예한 논쟁이 발생하고, 따라서 배부 기준이 쉽사리 결정되지 못하는 경우를 많이 봐왔다.

필자가 과거 컨설팅을 진행하는 경우에는 이러한 이슈를 해결하기 위해 가능한 정확한 원가동인을 찾아 간접비를 최소화했다. 또한 간접비를 배부하는 경우에는 공청회 등을 통해 이해관계부서와의 충분한 의사소통을 통해 갈등을 없애고자 했다.

원가 계산은 쉬울까, 어려울까?

제품원가 계산방법: FIFO vs. LIFO

원가계산 방법은 선입선출법, 후입선출법 및 이동평균법 등 다양한 방법으로 산출될 수 있다.
어떤 방법을 적용하느냐에 따라 매출원가 및 기말재고자산의 금액이 달라진다.

장사에 열심이어서 그런지 태윤이는 요즘 오후만 되면 배가 고프다. 그럴 때면 건너편에 있는 편의점에 가서 빵을 하나 사 먹는 것이 어느덧 일상의 즐거움이 되었다. 어느 날, 빵을 고르다가 문득 얼마 전에 '밀가루 파동'으로 밀가루 가격이 많이 올랐다는 기사가 생각났다.

그런데 편의점에서 구입한 빵 가격은 예전과 차이가 없었다. 빵의 주 원료는 밀가루이기 때문에 밀가루 가격이 오르면 빵 가격도 바로 올라야 하는 게 아닌지 궁금하다. 혹시 가격이 오르기 전에 구입한 밀가루로 만들어진 빵이라서 그럴지도 모른다는 생각이 들기도 한다.

하지만 생각해보면 신선한 원두를 공급하기 위해 필요할 때마다 적당량의 원두를 구입하는 태윤이네 카페도 커피 가격은 일년 내내 일정하다. 태윤이 또한 카페를 운영하면서 원두가격이 상승하면 커피 가격을 올려야 하는데, 대부분의 카페에서 커피가격을 올리지 않아서 자신도 못 올리고 있기 때문이다.

여기까지 생각이 들자 커피와 빵의 원가가 궁금하다. 과연 회계에서는 제품의 매출원가는 어떻게 계산하는 걸까?

제품의 원가계산이 왜 어려울까?

커피, 빵 등 소비재의 경우 판매가격이 자주 바뀌지 않기 때문에 와닿지 않을 수도 있지만, 실제로 제품의 원가는 계속 변한다. 지금 판매하는 커피나 빵을 생산하기 위해 들어간 원두 또는 밀가루가 언제 구입한 것인지 정확하게 확인하는 것은 사실상 어렵다.

예를 들어보자. 빵의 주원료인 밀가루의 가격이 지난달까지는 100g당 1,000원이었는데 이번 달부터는 100g당 1,200원으로 올랐다고 가정하자. 그리고 오늘 편의점에서 빵을 하나 샀다고 치자. 그렇다면 지금 현재 먹고 있는 빵과 관련된 원가는 100g당 1,000원인 밀가루가 포함되어 있는 걸까, 아니면 100g당 1,200원으로 오른 밀가루가 포함되어 있는 걸까?

커피나 빵을 생산할 때마다 원두 또는 밀가루의 구입시점을 하나하나 확인[8]하면서 커피나 빵을 만들면 되지 않느냐고 반문할 수 있지만, 아무리 자주 구입한다고 하더라도 원두 또는 밀가루 등의 원재료는 대량으로 구매하고 생산하기 때문에 구입 가격이 다른 원두

▼ 제품원가의 결정방법

선입선출법 (FIFO)	먼저 매입된 재고자산이 먼저 매출된다는 것으로 가정해 매입원가를 매출원가에 적용하는 방법
후입선출법 (LIFO)	최근에 매입된 재고자산이 먼저 매출된다는 것으로 가정해 매입원가를 매출원가에 적용하는 방법
평균법	재고자산의 평균을 구해 매출원가에 적용하는 방법으로 총평균법과 이동평균법이 있음
개별법	재고자산 품목의 하나하나 단위별로 개별적인 원가를 파악해 평가하는 방법

나 밀가루가 생산과정에서 섞이는 게 일반적이다. 또한 제품원가의 구성은 재료비 이외에도 노무비 및 제조경비가 포함되며, 해당 제품원가의 가격도 계속해서 변한다.

따라서 커피나 빵 등의 제품을 생산 또는 판매할 때마다 투입된 재료비, 노무비 및 제조경비[9] 등의 가격을 하나하나 확인해 제품원가를 계산하기는 거의 불가능하다.

그러므로 회계에서는 일정한 가정을 통해 단위당 제품원가를 계산하게 되는데, 이를 제품의 원가결정 방법이라고 한다. 이러한 제품의 원가결정 방법은 일반적으로 선입선출법(FIFO: First-In First-Out), 후입선출법(LIFO: Last-In First-out) 및 평균법 등이 존재한다.

---

8   해당 방식으로 계산되는 원가결정 방법을 '개별법'이라고도 한다. '개별법'은 주문생산방식처럼 주로 소량이면서 고가의 원료를 사용하는 경우에만 가능한 방식이다.

9   실무적으로 제품원가의 계산은 고정비의 성격이 큰 제조경비를 배부하는 과정에서 더욱 복잡해진다. 여기서는 제품원가계산에 대한 쉬운 이해를 위해 복잡한 과정을 생략하고 원재료비만 가지고 논의를 전개하고자 한다.

제품의 원가계산을 간단하게 해보자

5월에 태윤이는 g당 10원 하는 가격으로 10,000g의 밀가루를 구입해 해당 월에 6,000g의 밀가루를 사용하고 4,000g이 남았다. 또한 6월에는 g당 12원 하는 가격으로 20,000g의 밀가루를 구입해 14,000g을 사용하고 10,000g이 남았다.

빵 하나를 생산하는 데 100g의 밀가루가 소비된다고 가정하면, 5월에는 빵을 60개 생산해 판매[10]했고, 6월에는 140개의 빵을 생산해 판매했다고 볼 수 있다.

▼ 5월 및 6월에 태윤이가 구매한 밀가루 양의 변화

밀가루 양의 변동 현황

5월 밀가루 변동 현황		6월 밀가루 변동 현황	
10,000g 당월 구입 - g당 10원에 구입	당월 6,000g을 생산해서 빵 60개 생산	전월 미사용분 4,000g이 있음 - g당 10원(5월 구입)	당월 14,000g을 사용해서 빵 140개 생산
	당월 미사용분 4,000g이 남음	20,000g 당월 구입 - g당 12원에 구입	당월 미사용분 10,000g이 남음

그렇다면 태윤이가 6월에 생산해 판매한 140개의 빵에 대한 매출원가[11]는 얼마로 계산되어야 하는 걸까?

---

10 실제 기업의 원가실무에서는 생산된 모든 제품이 당월에 판매되지도 않고, 기초 재고자산이 제로가 되지도 않지만, 논의의 편의성을 위해 상기 사례로 가정했다.

앞에서 언급했지만, 문제는 6월에 140개의 빵을 생산하기 위해 사용된 밀가루 중 5월에 구매한 부분이 얼마나 들어갔고 6월에 구매한 부분이 얼마나 들어갔는지 정확하게 확인하기 어렵다는 것이다. 따라서 일정한 가정을 통해 밀가루의 사용량을 계산해야 하는데, 가장 쉽게 생각할 수 있는 방법은 먼저 구입한 밀가루를 먼저 사용했다고 가정하는 것이다.

이러한 제품원가의 결정방법을 선입선출법(FIFO: First In, First Out)이라고 한다. 즉 140개의 빵을 생산하기 위해 14,000g의 밀가루를 사용해야 하는데, 우선 5월에 구매해 남아 있는 4,000g의 밀가루를 먼저 사용하고, 그 다음에 6월에 구입한 밀가루 중 10,000g을 사용했다고 가정하는 것이다.

이에 따라 6월에 140개의 빵을 판매하기 위한 매출원가는 '4,000g ×10원[12]+10,000g×12원' 계산식에 의해 160,000원으로 계산되고, 이를 빵 1개를 기준으로 환산하면 1,143원[13]이 된다. 또한 5월에 구매한 밀가루는 전부 생산에 투입되었기 때문에, 6월 말 현재 남아 있는 10,000g의 밀가루는 6월에 1g당 12원에 구입한 것이므로 밀가루의 6월 말 재고는 120,000원이 된다.

그런데 만약 태윤이가 신선한 빵을 만들기 위해 최근에 구입한 밀가루를 먼저 사용한다고 가정할 수도 있지 않을까? 이러한 제품원

---

11 사례에서는 논의의 단순화를 위해서 빵을 생산화는 데 밀가루 이외의 제조원가는 발생하지 않았다고 가정했다.
12 밀가루의 1g당 원가를 의미한다.
13 계산을 하면 '160,000원÷140개=1,143원'이 된다.

FIFO	매출원가 160,000원	=	5월에 구입해서 남은 밀가루 4,000g×1,000원/100g	+	6월에 구입해서 소진된 밀가루 10,000g×1,200원/100g
	재고자산 120,000원	=	6월에 구입해서 남은 밀가루 10,000g×12원		

가의 결정방법을 후입선출법(LIFO: Last In, First Out)이라고 하는데, 6월에 140개의 빵을 생산하기 위해 14,000g의 밀가루는 가장 최근인 6월에 구매한 밀가루를 먼저 사용한다는 의미이다.

이에 따라 6월에 140개 빵을 만들기 위한 매출원가는 '14,000g×12원' 계산식에 의해 168,000원으로 계산되고, 이를 빵 1개를 기준으로 환산하면 1,200원[14]이 된다. 또한 6월 말에 남아 있는 밀가루는 5월에 구입한 4,000g(1g당 10원)과 6,000g(1g당 12원)으로 구성되어 있기 때문에 밀가루의 6월 말 재고는 112,000원이 된다.

LIFO	매출원가 168,000원	=	6월에 구입해서 소진된 밀가루 14,000g×1,200원/100g		
	재고자산 112,000원	=	5월에 구입해서 남은 밀가루 40,000g×10원	+	6월에 구입해서 남은 밀가루 60,000g×12원

반면 평소에 태윤이가 구입한 밀가루를 이전 밀가루와 혼합해 사용하는 버릇이 있다면, 5월과 6월의 밀가루 원가를 평균해서 제품

---

14 계산을 하면 '168,000원÷140개=1,200원'이 된다.

원가를 결정할 수 있는데, 이를 평균법이라고 한다. 즉 5월에 1g당 10원에 구입해 남아있는 4,000g의 밀가루와 6월에 1g당 12원에 구입한 20,000g의 밀가루 원가를 합산[15]해서 총 24,000g의 밀가루 중량으로 나누어 1g당 밀가루 평균 단가를 구하면 11.67원이 된다.

그 후에 당기에 매출된 수량인 14,000g에 단가 11.67원을 곱해 163,300[16]원의 매출원가를 산출하고, 당월에 남은 밀가루 수량인 10,000g에 단가 11.67원을 곱해 116,700원의 재고자산을 산출하는 방식이다.

▼ 평균법을 가정한 원가계산: 에라 모르겠다고 생각하는…

평균법		
	1g당 밀가루 평균 단가 =	$\dfrac{\text{5월에 구입해서 남은 밀가루 총액} + \text{6월에 구입한 밀가루 총액}}{\text{밀가루 총 중량}}$
	11.67원	(4,000g×1,000원/100g + 20,000g×1,200원/100g)÷24,000g
	매출원가 =	판매하기 위해 사용된 밀가루 총량 × 1g당 밀가루 평균 단가
	163,300원	14,000g 11.67원
	재고자산 =	사용하고 남은 밀가루 총량 × 1g당 밀가루 평균 단가
	116,700원	10,000g 11.67원

이러한 계산 방식을 잘 살펴보면 재고자산의 원가결정 방법은 확정된 '기초 재고자산 및 당기 매입(제조)원가'에 대해 '당기 매출원

---

15 사례처럼 5월에 남은 밀가루와 6월에 구입한 밀가루의 단위당 단가를 산출할 수도 있지만, 5월에 구입한 10,000g과 6월에 구입한 20,000g을 합치는 방식도 고려할 수 있다. 이동평균법, 총평균법 등 기업 실무에서는 평균단가를 산출하는 다양한 방식이 존재한다.
16 정확하게 계산하면 163,380원인데, 총 투입원가인 280,000원을 맞추기 위해 단수차이를 조정했다.

가와 기말재고자산'을 수량 기준으로 배분해 확정하는 절차라는 것을 알 수 있다. 또한 회계연도 말에 판매되지 않고 남아 있는 재고자산은 당기에는 매출원가에 포함되지 않고 이월되어, 다음 회계연도에 매출원가로 인식된다는 사실도 알 수 있다.

▼ 매출원가와 재고자산의 배분 절차

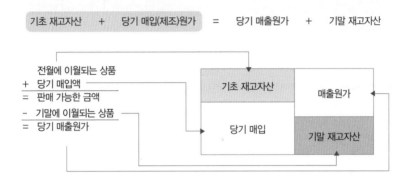

경영성과와 제품원가의 결정방법은 연계되어 있다

상기 사례를 잘 살펴보면 재고자산의 원가결정을 어떻게 결정하느냐에 따라 매출원가와 재고자산의 가격이 다르게 인식된다는 것을 알 수 있다.

사례를 살펴보면 5월에 비해 6월에 빵의 원재료인 밀가루의 가격이 인상되었다고 가정했는데, 일반적으로 물가가 상승하는 경우에 선입선출법을 적용하면 매출원가는 적게 인식되고 기말재고자산은 크게 인식된다는 사실을 알 수 있다. 6월 말에 남아있는 밀가루 10,000g에는 6월에 100g당 12,000원에 구매한 밀가루가 많이 포함되어 있을 가능성이 높기 때문이다.

매출원가가 적게 인식된다는 의미는 그만큼 비용이 적게 인식되기 때문에 이익이 더 크게 나타난다. 이러한 방식은 매년마다 이익을 보고해야 하는 전문경영자를 유혹하기 쉬운 방법이라고 볼 수 있다.

반면에 후입선출법을 적용하는 경우에는 매출원가는 크게 인식되고 기말재고자산은 적게 인식된다는 사실을 알 수 있는데, 매출원가가 크게 인식된다는 의미는 그만큼 이익이 작게 계산되므로 세금 등을 적게 납부할 수 있는 기회가 발생할 수도 있다. 이러한 방식은 단기간의 이익보다는 세금 등을 적게 납부하고 싶은 경영자에게 매력적인 방법일 수도 있다.

▼ 제품원가의 결정방법별 매출원가 및 재고자산 가액: 6월 생산 및 판매분 기준

	매출원가		기말재고자산	
	총매출원가	단위당 원가	기말재고자산원가	단위당 원가
선입선출법	160,000원	@ 1,143원/빵	120,000원	@ 1,200원/빵
후입선출법	168,000원	@ 1,200원/빵	112,000원	@ 1,120원/빵
평균법	163,300원	@ 1,167원/빵	116,700원	@ 1,167원/빵

그렇다면 기업은 추구하는 목적에 따라 매년 선입선출법과 후입선출법을 번갈아 활용한다면 이익을 기업의 의지대로 산출할 수 있지 않을까? 다행히 재무회계[17]에서는 한번 인식한 재고자산의 평가

방법에 대해서는 정당한 사유가 없는 한 지속적으로 유지하도록 규정하고 있다. 즉 기업의 이익조작 가능성을 사전에 방지하고 있다는 의미이다.

잊지 말아야 할 사실 중 하나는 선입선출법을 채택했을 경우 높게 인식된 기말 재고자산은 차년도의 매출원가로 귀속[18]된다는 것이다. 또한 해당 방식은 일반적으로 물가가 상승하고 지속적으로 판매가 증가한다는 가정 하에 성립된다. 즉 물가가 하락하거나 판매가 감소해 재고자산이 급격히 증가하는 경우에는 선입선출법이 후입선출법보다 매출원가를 많게 인식하는 경우도 발생한다. 이러한 차이 때문에 평균법을 선호하는 경향도 종종 존재한다.

---

17 실무적으로 K-GAAP과 달리 K-IFRS에서는 재고자산에 대한 LIFO를 인정하지 않는데, LIFO는 재고를 현행 가치보다 현저히 과소 계상하므로 공정가치를 중시하는 K-IFRS는 LIFO의 사용을 금지하고 있다.

18 이러한 의미에서 재고자산 평가방법의 선택적 적용은 이익의 유연화이지 가공의 이익이 발생하는 개념이 아니다. 즉 선입선출법에 따라 당기에 높게 인식된 기말재고자산은 매출이 정상적으로 발생되는 경우에는 차기에 매출원가에 그대로 반영되기 때문이다.

기말재고가액과
매출원가의 관계

실무적으로 손익계산서에 표기하는 매출원가는 '기말재고수량' 및 '단위당 기말재고원가'를 확정한 후에 산출된다.

> 매출원가 계산식
> = 기초재고자산 금액 + 당기 매입(제조) 금액 − 기말재고자산 금액

매출원가를 바로 산출하지 않고 기말재고가액을 먼저 산출하는 이유는 기말재고수량과 단위당 기말재고원가를 확정하기가 상대적으로 용이하기 때문이다. 실제로 재고실사 등을 통해 기말재고수량을 정확하게 확정할 수 있으며, 기말재고수량에 선입선출법 등 원가결정방법을 통해 단가를 결정하면 기말재고가액이 확정되기 때문이다.

전기 말에 확정된 기말재고가액은 당기 기초재고가액으로 넘어오고 당기에 매입 또는 제조한 총 금액도 쉽게 알 수 있다. 따라서 기초재고금액에 당기 매입 또는 제조 금액을 더하고 당기에 확정한 기말재고가액을 차감하면 매출원가를 쉽게 산출할 수 있다.

관심법을 활용한다면
원가가 전부 보일까?

정상원가계산 vs. 표준원가계산

실무에서는 원가가 효율적으로 사용되는지를 분석하기 위해 정상원가계산 및 표준원가계산
방법을 활용하기도 한다.

그동안의 회계 공부를 통해서 일정기간이 마감[19]된 후에 기말 재고수
량을 확정하고 기말 재고가액을 계산해야 매출원가 및 제품 단위당 매
출원가를 산출할 수 있다는 사실은 태윤이도 어느 정도 이해가 된 것
같다.

하지만 여전히 궁금한 부분이 없는 것은 아니다. 생각해보면 일정기간
이 마감되기 전에도 커피의 원가를 대략적으로라도 알아야 사업을 잘
할 수 있지 않을까? 또 일상생활에서도 마감 전, 즉 결산 전에도 제품에
대한 단위당 원가가 얼마인지를 자주 이야기하는데, 그렇다면 이런 이

---

19 재무회계 용어로는 '결산'이라고 한다.

야기들은 다 부질없는 것일까? 실제 매출원가는 기간 마감 후에 가능하다니 말이다.

난 제조간접비 하나만 패: 정상원가계산(Nornal costing)

실제 단위당 원가를 계산하거나 분석하는 과정에서 가장 어려운 부문은 무엇일까? 그것은 바로 제조간접비이다.

태윤이가 운영하는 카페의 경우, 원재료인 커피 원두 등의 직접비는 자주 변한다고는 하지만 판매량이나 생산량과 연동되기 때문에 쉽게 예측이나 분석이 가능하다. 다만 원가에는 전기료, 수도료 등 제품 판매량보다는 에어컨 사용 등의 계절적 요인 등에 따라 변동되는 간접비도 존재하고, 매장임대료, 커피머신 등의 비용 등도 커피를 만들거나 판매하는 양에 상관없이 일정하게 발생하는 고정비도 존재한다.

문제는 현대 사회로 오면서 과거에 비해 제조간접비의 비중[20]이 점점 높아지고 있으며, 그 대부분의 성격이 간접비 또는 고정비[21]로 분류된다는 점이다. 커피의 원재료인 원두 등 직접비이자 변동비인 경우에는 판매량과 상관없이 단위당 원가가 동일하게 유지[22]되지만,

---

20 과거에는 인건비가 대부분의 원가였다. 하지만 현재 제조간접비가 대부분의 원가를 차지하고 있으며, 제조간접비의 많은 부분을 간접비 또는 고정비가 차지하고 있다.
21 간접비와 고정비의 개념은 엄격하게 이야기하면 다르다. 다만 여기서는 매출에 비례해 변동하지 않는다는 점에서 혼용해 사용하기로 한다.

고정비의 경우에는 판매량에 따라 단위당 원가가 변동한다.

태윤이가 커피의 품질을 높이기 위해 비싼 커피머신을 월 6만 원에 리스[23]하기로 했다고 가정해보자. 원가 계산을 해보면 태윤이가 커피를 한 달에 한 잔 만들었을 경우에 커피 한 잔에 포함되는 리스비용은 6만 원이 된다. 또한 태윤이가 커피를 100잔 만들었다면 커피 한 잔에 포함되는 리스비용은 총 리스비용 6만 원을 100잔으로 나눈 600원이 된다. 즉 고정비는 그 특성상 생산 또는 판매량이 증가할수록 단위당 고정비는 감소하지만, 생산 또는 판매량이 감소할수록 단위당 고정비는 증가한다는 데 그 특징이 있다.

따라서 실제 생산량을 기준으로 고정비를 산출한다면 ① 고정비가 확정된 후에야 원가를 계산할 수 있으며 ② 기계 등 고정비를 투자하기로 계획했던 예정 생산량과 실제 생산량이 다르고 내·외부 환경에 따라 생산량의 변동이 심하다면 단위당 제품원가는 크게 출렁일 수밖에 없다.

기업 실무에서는 이러한 단점을 보완하기 위해 고정비의 실제 발생 금액과 상관없이, 미리 그 ① 발생금액을 예상해 ② 정상적인 상황에서 예상하는 생산량 또는 정상조업도[24]로 나누어 고정비를 배부하는 방법이 있는데, 이를 '정상원가계산'이라고 한다.

---

22 변동비는 그 성격상 판매량에 비례해 변동총액은 변동한다. 하지만 1개 판매량에 포함되는 단위당 변동비는 동일하다는 의미이다. 즉 커피 한 잔에 원두의 가격이 100원이라면, 커피를 10잔 판매하면 투입된 원두의 가격은 1천 원이 되지만, 판매량과 상관없이 커피 한 잔에 들어가는 커피 한 잔의 가격은 동일하게 100원으로 유지된다는 의미이다.

23 실제 리스와 관련된 회계처리는 복잡하지만, 논의의 편의를 위해 여기에서는 매월 지급하는 리스료를 비용으로 인식하기로 가정하자.

태윤이네 카페에서 매월 생산 및 판매하는 수량은 월마다 내·외부 환경에 따라 변동하겠지만, 정상적인 상황에서 월 300잔을 만든다고 생각해보자. 이런 경우에는 실제 생산량과 관계없이 커피 한 잔당 200원에 커피머신의 리스비용을 부과해 관리한다는 의미이다.

이렇게 고정비를 배부하기 위한 기준을 사전에 설정하는 경우를 '예정 배부'라고 하는데, 일반적으로 예산 또는 정상적으로 영업이 진행되었을 경우를 가정해 기준을 설정한다. 고정비를 예정 배부하는 이유는 기말까지 기다려 고정비의 발생액을 전부 집계한 후에 배부하는 시차를 극복할 수 있기 때문이다.

또한 예정 배부된 금액과 실제 배부된 금액을 비교해 제조간접비를 효율적으로 활용했는지 아닌지를 비교할 수 있는 기준으로 활용할 수 있기 때문이다. 즉 실제 커피 100잔을 생산했다면 커피머신의 리스료는 한 잔에 200원으로 '예정 배부'했기 때문에, 총 2만 원이 발생해야 한다. 하지만 실제로 6만 원의 리스료가 발생하기 때문에 태윤이네 카페는 커피머신을 비효율적으로 활용했음을 알 수 있다.

다른 의미로는 기계장치를 충분히 활용한다면 커피 300잔을 만들 수 있는데 100잔만 만들었기 때문에 커피머신을 일부 놀렸다고 볼 수 있다. 따라서 태윤이는 커피머신을 효율적으로 사용하기 위해 커피의 생산 및 판매에 더 노력해야 한다는 의미이다.

다만 유의할 점은 재무회계 관점에서는 실제 발생금액 6만 원과

---

24 회계관련 전문서적에서는 조업도라는 의미를 즐겨쓰지만, 일반 독자에게는 많이 낯설 수 있으므로 여기에서는 생산량 또는 판매량으로 부르고자 한다.

예정 배부된 금액 2만 원의 차이인 4만 원을 매출원가와 재고자산에 추가 배부해주어야 한다는 것이다. 재무회계에서는 실제 발생한 원가를 기준으로 원가를 계산하도록 규정하고 있기 때문이다.

이것 저것 다 패보자: 표준원가계산(Standard costing)

정상원가계산을 통해 얼마만큼을 생산해야 커피머신 등 고정비가 효율적으로 운영되는지를 알 수 있다면, 원재료인 커피 원두, 종업원 급여 등 다른 원가항목들도 이러한 방법을 활용할 수 있지 않을까? 이처럼 현재 원가가 최선의 원가인지, 아니면 비능률적인 요소 등이 포함되는지를 알기 위해서 사전에 바람직하고 능률적인 원가를 원가요소별로 정의해 원가를 계산할 수 있는데, 이를 '표준원가계산'이라고 한다.

예를 들어 커피 한 잔을 만들 때 원두 사용량을 사전에 8g으로 설정했다고 한다면, 실제 커피 100잔을 만든 결과 1,000g이 사용되었다면 표준 대비 200g을 더 사용한 것이므로 원두를 낭비했다고 볼 수 있다. 또한 커피 한 잔을 만드는 데 20분이 걸린다고 설정했는데, 실제 커피 10잔을 생산하는 데 17분이 걸렸다면 표준대비 3분을 효율적으로 절약했다고 볼 수 있다.

표준원가계산은 원가요소별로 표준원가와 실제원가를 분석해 어떤 항목에서 원가가 낭비되었는지를 찾아내어 제거하는 데 그 목적이 있다. 즉 효율적인 원가관리를 목적으로 발생했다고 볼 수 있다.

다만 표준원가가 이론적으로는 무척이나 뛰어난 방법이나 실무상에서 효과적으로 적용하기 위해서는 유의할 점이 있다. 표준원가를 운용하기 위해서는 표준원가를 어떻게 설정하느냐가 무척 중요하다는 것이다.

태윤이가 실제 커피 한 잔을 생산하는 데 들어가는 원두의 표준사용량을 어떤 기준으로 설정할 것인지, 커피 한 잔을 만들기 위해 투입하는 표준임률 또는 투입노동시간을 어떻게 설정하는 것이 효율적인지 판단하는 것은 쉽지 않다. 따라서 대부분의 회사에서는 과거 경험치가 반영된 실적 값을 기준으로 표준원가를 산정하는 것이 일반적이다.

문제는 '과거 경험치'에는 이미 비능률이 일부 포함되어 있다는 데 있다. 따라서 원칙적으로 과거 경험치는 표준원가로서 적합하다고는 볼 수 없다. 또한 과거 실적 값을 기준으로 적절한 원가 요소별로 표준을 설정했다고 하더라도 주기적인 업데이트를 통한 표준원가의 관리가 필수적이다. 하지만 과거 실적 값에 대한 주기적인 업데이트 또한 잘 이루어지지 않는다는 실무상 한계 또한 존재한다. 그리고 정상원가계산에서 언급한 것과 마찬가지로 재무회계 관점에서는 표준원가와 실제 발생원가의 차이도 결국에는 매출원가 및 재고자산에 배부해야 한다.

어떻게 사업계획을 짜라는 겁니까?

사업계획시 활용되는 공헌이익과 손익분기점

사업계획 및 재무수치를 시뮬레이션하기 위해서는 재무회계를 넘어 관리회계에서 이야기하는 변동원가 및 공헌이익 개념을 활용할 필요가 있다.

평소 커피에 대한 관심이 많았기 때문에 태윤이는 창업 아이템으로 카페를 선택하는 데 오랜 시간이 걸리지 않았다. 주위에서는 카페가 너무 많다며 말렸지만, 좋아하는 일을 하며 여유로운 노후를 즐기겠다는 취지에서 크게 신경 쓰지 않기로 했다.

여러 동네를 두고 고민하다가 마음에 드는 동네가 있어 상권 분석을 해보니, 자그마한 가게를 임대할 경우 월 임대료를 포함한 고정비가 대략 100만 원이 들 것 같았다. 또한 주변 상점에 대한 시장조사를 해보니 대략 커피 원두 등 단위당 원가가 한 잔에 1천 원이며, 대부분 커피 한 잔을 3,500원에 팔고 있었다.

아무리 여유로운 노후 준비라고 하더라도 최소한 손실을 보지는 않아야겠기에 손익분석의 필요성을 느껴, 학창 시절에 공부한 회계 책을 펴놓고 원가분석을 해보았다. 태윤이가 계산을 해보니 한 달에 약 1천 잔의 커피를 판매하면 커피 한 잔당 원가는 2천 원이 되며, 약 500잔의 커피를 판매한다면 커피 한 잔당 원가는 3천 원이 된다. 고정비인 임대료는 일정하게 100만 원이 발생하므로, 커피를 얼마나 파느냐에 따라 커피 한 잔당 고정비가 변하기 때문이다.

$$\text{커피 한 잔당 원가} = \frac{\text{판매수량} \times \text{원두가격} + \text{월 임대료 등}}{\text{판매 수량}}$$

$$\text{월 1,000잔 판매 가정시} = \frac{1,000\text{잔} \times 1,000\text{원} + 100\text{만 원}}{1,000\text{잔}} = 2,000\text{원/잔}$$

$$\text{월 500잔 판매 가정시} = \frac{500\text{잔} \times 1,000\text{원} + 100\text{만 원}}{500\text{잔}} = 3,000\text{원/잔}$$

이렇게 계산해놓고 보니 태윤이는 머리가 너무 아프다. 얼마나 팔지를 정확하게 예측하는 게 어려운데, 정확한 판매 예측이 되지 않으면 커피 한 잔당 원가를 알 수 없기 때문이다. 그런데 한 잔당 원가를 알아야 커피 가격을 책정할 수 있지 않은가 말이다. 이건 마치 쳇바퀴를 도는 것만 같다.

이런 경우에 조금 더 쉽게 분석할 수 있는 방법이 없을까? 태윤이는 커피 가격을 얼마로 하는 게 좋을까? 최소한 몇 잔을 팔아야 손해를 보지 않을 수 있을까?

사업계획을 세울 때: CVP 분석

재무회계 관점에서는 변동비인지 고정비인지를 구분하지 않고 발생한 총원가를 기준으로 단위당 원가를 계산한다. 즉 실제 해당월에 커피를 500잔 판매했고, 500잔을 판매하기 위해 커피원두 구입 등에 50만 원이 발생했으며, 100만 원의 임대료가 발생했다. 따라서 해당월의 커피 한 잔당 원가는 3,000원으로 계산된다.

하지만 사업계획을 세울 때에는 판매수량 등이 정해져 있지 않기 때문에 총발생원가 기준으로 단위당 원가를 추정하는 방식은 적합하지 않다. 커피가 얼마나 팔릴지 아직 정해져 있지 않기 때문이다. 따라서 태윤이가 분석한 결과를 보면 알 수 있듯이, 판매수량을 어떻게 가정하느냐에 따라 단위당 원가가 변동한다.

여태까지의 논의를 살펴보면, 재무회계에서 요구하는 단위당 원가계산 방법을 그대로 가져오면 사업계획을 수립하기가 어렵다는 사실을 알 수 있다. 일반적으로 사업계획을 세울 때나 Biz 시뮬레이션을 수행할 때 많이 사용되는 방법은 관리회계[25]에서 말하는 CVP 분석이다. CVP 분석이란 원가(Cost), 조업도(Volume, 생산.판매량[26]), 이익(Profit)의 상관관계를 분석하는 것이다.

---

25 관리회계란 내부보고 목적으로 회계정보를 제공하기 위한 회계를 의미하며, 외부보고 또는 공시 목적으로 회계정보를 제공하는 재무회계와는 차이가 있다.

26 회계전문서적 등에서는 여전히 조업도라고 기술하고 있지만, 조업도라고 이야기하는 순간 회계는 다시 교과서의 세계로 빠져들어간다. 차라리 생산량 또는 판매량으로 이해하는 편이 낫다.

최소한 손해는 보지 말아야 할 때: BEP 분석

태윤이도 마찬가지겠지만 사업을 시작하거나 계획을 수립할 때 가장 먼저 확인할 사항이 어느 정도를 팔아야 손실이 나지 않는지를 검토하는 것이다. 관리회계에서는 이를 손익분기점(break-even point: BEP)이라는 용어로 정의하고 있는데, 손익분기점이란 일정 기간 수익과 비용이 꼭 같아서 이익도, 손실도 생기지 않는 경우의 매출 수준을 의미한다. 손익분기점이 중요한 이유는 이것이 손실을 피하기 위해서 경영자가 달성해야 하는 최소한의 매출액 수준을 알려주기 때문이다.

사례에서 커피가격을 주변 시세에 맞출 경우 태윤이는 최소한 한 달에 400잔을 팔아야 손익분기점을 넘길 수 있다. 즉 태윤이가 주변 시세와 다르게 커피 가격을 결정할 수 없는 경우에는 최소한 한 달에 400잔 이상을 팔 수 있다는 확신이 있어야 사업을 시작할 수 있다는 의미이다. 그리고 500잔을 팔 경우에는 25만 원의 이익이 예상되고, 1천 잔을 팔 경우에는 150만 원의 이익이 예상된다.

▼ BEP 분석

산식은 '판매수량×(커피가격 - 커피원가) - 고정비 = 0'이므로 다음과 같이 계산될 수 있다.
판매수량×(3,500원-1,000원)-1,000,000원=0원 → 400잔

500잔을 팔 경우 예상수익: 500잔×(3,500원-1,000원)-100만 원=25만 원
1,000잔을 팔 경우 예상수익: 1,000잔×(3,500원-1,000원)-100만 원=150만 원

손익분기점을 활용한 판매가격 산정

해당 사례를 잘 살펴보면, 커피 판매수량과 상관없이 임대료 등 고정비는 꾸준히 매달 100만 원이 발생한다는 것을 알 수 있다. 그에 비해 주변 시세에 맞추어 커피 한 잔을 3,500원에 파는 경우에는 원재료비가 1천 원이 발생하므로 판매수량에 비례해 커피 한 잔당 2,500원의 이익이 발생한다.

해당 이익의 규모는 커피를 많이 판매하면 판매할수록 계속 증가한다. 2,500원의 이익에는 고정비를 제외하고 매출수량에 따라 변동하는 변동원가만 반영되어 있기 때문이다. 이렇듯 커피 한 잔당 판매가격에서 원두 가격인 변동원가를 제외한 부분만큼의 이익을 얻을 수 있는데, 이를 관리회계 공헌이익(Contribution Margin: CM)이라고 한다.

공헌이익이란 매출에서 변동비를 차감한 값으로, 고정원가를 회수하는 데 공헌한다는 의미이다. 공헌이익은 매출액에 비례해 직접적으로 이익이 증가 또는 감소하기 때문에 관리회계 관점에서는 중요한 개념이다. 이러한 분석을 통해 태윤이는 최소한 고정비를 감당할 수 있으려면 최소한 한 달에 400잔 이상 팔아야 한다. 즉 태윤이가 400잔을 팔 경우에는 고정비인 100만원만큼의 공헌이익이 발생하므로 손익이 제로가 된다.

따라서 태윤이가 커피 400잔을 판매한 이후에는 프로모션 목적으로 단위당 커피 가격을 주변 시세인 3,500원과 최소한의 원두 가격인 1천 원 사이에서 한시적으로 인하하거나 매출수량에 따라 가격을 탄력적으로 변경하는 전략을 고민할 수도 있다. 또한 400잔 이하로 판매될 것으로 예상되는 경우에는 판매가격[27]의 인상을 고민해야 할 수도 있다.

백화점이나 시장에서 마감 세일을 하는 경우, 가격은 공헌이익과 손익분기점을 충분히 고려한 후 책정된다. 실제로 '원가 이하로 판매한다'는 말이 총원가 기준의 원가를 의미하는지, 아니면 변동원가 기준을 의미하는지 잘 살펴봐야 한다. 음식의 경우에는 하루가 지나면 폐기되어야 하는 경우가 많기 때문에 변동 원가만을 건지는 수준에서 할인하는 경우도 있다.

정리해보면, CVP 분석을 위해서 알아야 하는 가장 중요한 원가 개념은 변동비와 고정비이다. 변동비란 조업도 또는 판매량에 비례해 총원가도 함께 변동하는 비용(즉 사례의 커피원가)을 의미하며, 고정비란 변동비와 달리 조업도 또는 판매량과 관계없이 총원가가 일정한 비용(즉 사례의 임대료 등)을 의미한다.

---

27 '예상 판매수량X(판매가격−1,000원)−1,000,000원=0원' → 즉 판매수량이 많지 않을 것으로 예상되는 경우에는 고정비를 회수하기 위해서 '판매가격 인상'도 고민해볼 전략이라는 의미이다.

고정비? 변동비?
준고정비?

CVP 분석은 실무에서 많이 활용되는 중요한 개념이다. CVP 분석을 위해서는 변동비와 고정비의 분류가 중요한데, 실무에서는 이를 정확히 구분하기가 쉽지 않다. 변동비와 고정비 사이에는 변동요소와 고정요소를 모두 포함하고 있는 준고정비(또는 준변동비)라는 개념이 들어가기 때문이다.

준고정비란 어떤 조업도 또는 판매량의 범위 내에서는 고정적으로 발생하지만 그 조업도 또는 판매량의 범위를 초과하면 비약적으로 증가하는 비용을 의미한다. 예를 들어 하루에 커피를 50잔 생산하는 데 직원이 1명 필요하다면, 50잔을 초과해 생산하려면 또 다른 한 명의 종업원이 필요하게 되는 경우를 들 수 있다. 따라서 정확한 사업계획을 위해서는 원가에 대한 정의가 기업 실무에서는 무척 중요하다.

원가가
왜 중요할까?

원가계산이 필요한 이유

현재까지의 회계감사, 컨설팅 및 일반 회계실무에서의 경험을 기반으로 나름대로 정리해보면, 기본적으로 원가는 판매가격 결정의 기초가 된다. 물론 다양한 경영이론서에서 원가에 기반하기보다는 고객가치[28]에 기반해 판매가격을 설정하도록 권고하고 있지만, '측정가능성'이라는 이슈 때문에 대부분 원가에 기반한 판매가격을 설정하고 있는 사례가 많기 때문이다.

또한 판매가격을 먼저 설정하고 이에 맞추어 원가를 구성[29]하는 경우도 존재하는데, 이러한 경우에도 원가계산은 중요한 요소에 해

---

28 전략적 가격의사결정과 관련된 서적은 시중에 많이 나와있는데, 그 중 『프라이싱 전략』에서는 판매가격은 고객이 지불하고자 하는 가치에 기반해 가격을 결정해야 하며, 고객이 체감하는 가치를 높이는 게 중요하다고 기술되어 있다.

29 목표원가(Target costing)라고 한다.

당된다. 정확한 원가계산을 통해 원가 낭비요소를 제거하고 최적의 원가 구조를 찾을 수 있기 때문이지 않을까?

원가계산이 중요한 또 다른 이유는 기업의 이익을 개선[30]하기 위한 중요한 수단이 되기 때문일 것이다. 이익을 개선하기 위한 방법은 판매가격 변경, 판매량 확대, 원가 최적화 등 다양하지만, 판매가격은 한번 정해지면 고개의 저항이 크기 때문에 쉽게 변경[31]할 수 없다는 특징이 있다. 판매량 또한 시장환경, 기업의 전략 및 영업적 요소에 따라 달라진다.

따라서 회계적 관점에서 통제 가능한 영역은 원가를 분석하고 낭비요소를 제거해 원가를 최적화하는 방법이다. 이러한 원가 분석의 목표는 전략적 의사결정을 지원하기 위함이기 때문에 재무회계의 틀[32]에 한정될 필요가 없다. 즉 재무회계 기준을 준수할 필요가 없기 때문에 재무회계의 틀을 벗어나서 다양한 원가 계산 방법을 고민할 수 있다. 이러한 관점에서 원가를 소개하는 이번 2장에서는 재무회계에 국한되지 않고 관리회계 관점을 반영한 원가계산 및 관리의 기본적인 개념을 소개했다.

---

30 기업의 목표를 이익 극대화, 기업가치 극대화 또는 주주가치 극대화라고 많은 경영 서적에서 이야기하고 있지만, 여기에서는 이에 대한 언급은 자제하고자 한다.

31 경제학에서 이야기하는 가격탄력성을 생각해보면 쉽게 이해할 수 있다. 일반적으로 가격탄력성이 높으면 가격을 낮추는 것이 이익 개선에 도움이 되고, 가격탄력성이 낮으면 가격을 높이는 것이 이익 개선에 도움이 된다. 다만 제품별로 정확한 가격탄력성을 측정한다는 것이 만만치 않다.

32 재무회계는 주주 및 투자자 등을 위해 외부보고 또는 공시 목적으로 회계정보를 제공하기 때문에 다양한 이론 중에서 하나의 기준을 채택하고 이를 준수하도록 하고 있다. 다만 관리회계는 내부보고 목적이므로 이러한 한계가 존재하지 않는다.

회사 또는 개인사업을 운영하기 위해서는 '매출원가' 이외에도 다양한 운영비용이 발생한다. 그리고 때때로 예상하지 못한 방식으로 '수익'과 '비용'이 발생하기도 한다. 운영비용으로는 종업원 급여, 매장임대료, 감가상각비 등이 있는데 생각보다 해당 금액이 크기 때문에 이를 이해하는 것도 회사 또는 개인사업을 운영하기 위해서는 중요하다. 또한 의외의 곳에서 발생한 수익과 비용을 영업외수익과 영업외비용으로 부르는데, 이러한 '영업외' 활동이 왜 발생하는 것인지 짚고 넘어갈 필요가 있다.

3장

그 외 수익과 비용

내가 받은 급여는
매출원가일까, 판관비일까?

제조원가와 판관비의 분류 기준

동일한 성격의 비용일지라도 기능에 따라 손익계산서상에 제조원가와 판관비로 다르게 분류
될 수 있다.

카페에서 신선한 빵을 제공하기 위해 태윤이는 전문가를 고용해 직접
빵을 생산하기로 했다. 현재 카페에는 태윤이 이외에 빵을 만드는 요리
사, 카페 매장을 운영하는 직원들이 함께 근무하고 있다.

이제는 어느 정도 자리를 잡아서 그런지 저녁에는 조금 여유가 생기게
되었다. 이에 태윤이는 한산해진 저녁에 그날 매출이 얼마나 발생했는
지, 또 비용은 얼마나 지출했는지를 점검해보는 게 일상이 되었다.

그러다가 지난달에 작성한 손익계산서를 보고 조금 의아한 생각이 들
었다. 분명 종업원 급여로 1천만 원 정도 나간 것 같은데, 손익계산서에
는 '종업원 급여'라는 계정과목으로 600만 원만 찍혀 있는 게 아닌가?
뭔가 이상한 것 같아서 손익계산서 작성을 도와주고 있는 회계사에게

전화를 걸었더니 빵을 만드는 요리사의 급여는 판관비가 아니라 매출원가[1]로 분류된다고 친절하게 설명해주었다. 회계사의 설명을 들으니 뭔가 알 것 같기도 하고, 모를 것 같기도 하다. 똑같은 종업원 급여인 것 같은데 매출원가와 판관비로 각각 표현된다니 말이다.

너무나도 익숙한 비용의 '기능별' 분류

과거 K-GAAP(한국회계기준)[2]과는 달리 K-IFRS(한국채택국제회계기준)에서는 세부적인 수익과 비용항목을 열거하고 있지 않다. 국제회계기준은 다양한 국가에서 충분히 활용 가능하도록 소위 말하는 '원칙중심'으로 회계기준을 제정하고 있기 때문이다. 이에 따라 국제회계기준에서는 다양한 자율성을 보장하고 있는데, 손익계산서상 비용의 표시 방법을 보면 그 현상이 뚜렷하다.

우리는 매출총이익, 영업이익 등이 표시되는 왼쪽에 보이는 '기능별 분류'에 따른 손익계산서에 익숙하다. 하지만 오른쪽과 같은 '성

---

1 회계에 대한 지식이 풍부한 일부 독자들은 '매출원가뿐만 아니라 재고자산에도 일부 포함될 수 있지 않나'라고 생각할 수도 있다. 여기에서는 논의의 편의를 위해서 현실적이지는 않지만 재고자산은 없다고 가정했음을 이해해주길 바란다.

2 국내법인이 규모가 커지고 해외 진출 사례가 많아지면서 우리나라도 국내법인과 해외법인 간 재무정보의 비교 가능성을 높이려는 다양한 시도를 하고 있다. 이런 시도 중 하나로 회계기준을 모든 나라에서 동일하게 보자는 취지로 제정된 국제회계기준을 우리나라에서도 2007년 말에 도입했는데, K-IFRS(한국채택국제회계기준)의 탄생 배경이기도 하다. 이전에는 우리나라에서 자체적으로 제정한 K-GAAP(한국기업회계기준)에 따라 회계처리를 했으나, 현재는 법인의 규모 등 조건에 따라 K-IFRS 및 K-GAAP을 선택적으로 적용 가능하다.

기능별 분류		성격별 분류	
매출	XXX	수익	XXX
매출원가	XXX	기타수익	XXX
매출총이익	**XXX**	제품과 재공품의 변동원재료와 소모품의 사용액	XXX
판매비와관리비	XXX	종업원급여비용	XXX
영업이익	**XXX**	감가상각비와 기타비용	XXX
영업외수익	XXX	**총비용**	**XXX**
영업외비용	XXX	**법인세비용차감전순이익**	**XXX**
법인세차감전순이익	**XXX**	법인세비용	XXX
법인세비용	XXX	**당기순이익**	**XXX**
당기순이익	**XXX**		

격별 분류'에 따른 손익계산서도 K-IFRS에서는 인정하고 있다는 사실은 흥미롭다. 이 2가지 표기 방법의 차이는 무엇일까? 비용의 기능적 분류라 함은 비용이 사용된 용도, 즉 기능에 따라 비용을 분류하는 것이다. 동일한 종업원 급여임에도 불구하고 제조과정에 사용된 경우에는 매출원가로 분류하고, 판매나 관리목적으로 사용된 경우에는 판매비와관리비로 분류된다.

태윤이가 지출한 종업원 급여 1천만 원 중에 매장을 관리하는 종업원들에게 지불한 급여 600만 원은 매장관리 활동과 연관이 있으므로 판매비와관리비로 분류되는 반면, 빵을 만드는 요리사에게 지불한 급여 400만 원은 매출을 위한 제조활동과 관련이 있으므로 매출원가로 분류된다는 의미이다.

문제는 손익계산서상에는 매장관리 직원에 대한 급여는 판관비에 '종업원급여'라는 항목으로 알아보기 쉽게 표시되는 반면, 요리사에게 지불한 급여는 밀가루 사용, 제빵기기의 감가상각비 등과 합쳐져서 '매출원가'라는 항목으로 한 줄로 표시된다는 데 있다.

만일 태윤이처럼 카페에서 발생한 종업원 급여 총액을 한눈에 알고 싶은 정보이용자에게는 이러한 분류 기준이 여간 불편한 게 아니다. 여기서 한 걸음 더 나아가 요리사가 만든 빵이 전부 팔리지 않는다면 요리사의 급여는 매출원가뿐만이 아니라 남아 있는 빵, 즉 재고자산에도 배부되기 때문에 상황은 더 복잡해진다.

비용 그 자체를 알고 싶은 '성격별' 분류

조금은 생소하지만 이러한 요구사항을 반영해서 비용을 그 성격 자체로 분류해 손익계산서에 표시할 수 있는 방법도 제시하고 있다. 즉 당기손익에 포함된 비용을 원재료의 구입, 운송비, 종업원 급여 및 감가상각비 등 비용 자체의 성격별로 통합해 손익계산서에 표시할 수 있다.

기능별 분류에 따르면 동일한 성격의 비용을 매출원가 및 판관비 등으로 재배분하게 된다. 그런데 이 과정에서 경영자의 의도 등에 따라 자의적인 배분과 판단이 개입될 수 있다.

만일 태윤이가 법인사업자로 분류되어 태윤이도 카페에서 급여를 받는 상황이라면 어떨까? 태윤이는 단순히 사장으로서의 역할을 할

뿐만 아니라 때로는 커피나 빵을 만들기도 하고, 때로는 매장을 관리하거나 영업을 하기도 한다. 이런 경우 태윤이의 급여는 매출원가일까, 아니면 판관비일까? 태윤이의 급여는 합리적인 배부기준을 찾아 매출원가 및 판관비로 배부하는 절차를 취하는 게 일반적이다.

하지만 배부라는 행위는 원인이 되는 행위를 직접적으로 쫓아가지 못하기 때문에 어쩔 수 없이 선택하는 차선택이라는 데 문제가 있다. 따라서 비용을 기능여부와 관련 없이 성격별로 분류한다면 이러한 자의성을 배제할 수 있는 장점이 있다.

우리나라의 경우 K-IFRS가 도입되기 전에 이미 오랫동안 '기능'적 분류에 따른 관행이 남아있어, 현재 대부분의 회사는 기능적 분류에 따라 재무제표를 공시하고 있다. 이러한 단점을 보완하기 위해서 K-IFRS에서는 손익계산서를 기능적 분류에 따라 매출원가 및 판관비 등으로 분류하는 경우에는 주석사항으로 '성격적 분류'를 별도로 표시하도록 되어 있다.

K-IFRS도 도입된 지 10여 년이 된 지금, 대부분의 회사는 여전히 매출과 매출원가 등의 분류를 선호하는 정보이용자들을 위해 손익계산서상 비용을 기능별 분류에 따라 작성하고 있으며, 별도로 주석사항에 성격별 분류를 공시하고 있다.

정리하자면, 태윤이가 지급한 종업원 급여는 손익계산서상에 비용의 '기능'에 따라 요리사의 급여는 매출원가로 400만 원, 매장 직원의 급여는 판관비로 600만 원이 각각 표시되었다. 따라서 판관비상 '종업원 급여'만으로는 태윤이가 지급한 1천만 원의 급여가 전부 표현되지는 않는다. 이에 대한 보완적 방법으로 비용의 '성격'적 분류가 존재하지만, 현행 우리나라의 관행상 대부분의 손익계산서는 기능적 분류에 따라 표기하고 있으며, 태윤이네 카페도 해당 분류기준에 따라 기록되었다.

비용의 주요 계정과목들

손익계산서상 성격별 분류 또는 기능별 분류를 통해 열거된 판관비를 살펴보면 회사별로 다양한 종류의 비용이 발생한다는 사실을 알 수 있다. 예리한 사람이라면 회사별로 비용의 항목이 제각각인 것도 눈치챘을 것이다. 서두에 이야기한 것처럼 K-IFRS에서는 세부적인 수익과 비용항목을 별도로 규정하고 있지 않기 때문이다.

또한 발생하는 모든 손익 항목을 다 열거할 수 없기 때문에 회계에서는 중요성 기준에 따라 중요하지 않은 계정과목은 통합해 공시하는 것을 허용하고 있다. 실제로 회사마다 자주 발생하는 비용항목이 다르기 때문에 이러한 '중요성의 원칙'은 꽤 유용하다.

회계기준이나 세법 등에서는 특정 계정과목을 강제로 사용하도록 규정되어 있지 않다. 따라서 회계정보의 이해도를 제고하는 차원에서 일반적으로 통용되는 계정과목을 사용하면 무난하다고 볼 수 있다. 독자들의 이해를 돕기 위해 실무에서 자주 사용되는 계정과목명 및 내용을 다음 표에 기술했다. 모든 회사의 발생 가능한 비용항목을 다 열거하지는 않았지만 향후 재무정보를 이해하는 데는 충분한 도움이 될 것으로 믿는다.

▼ 판매비와관리비의 계정과목 유형

급여 및 상여금	회사에 고용된 종업원에게 지불한 직원 급여 및 상여금
복리후생비	급여에는 포함되지 않지만 종업원의 복지를 위해 발생하는 비용 - 직원 식대, 차량 보조비, 직원 야유회, 회식비, 임직원 경조사비, 임직원 피복비 등
여비교통비	시내교통비, 출장여비, 해외출장비, 시외교통비 등
통신비	전화료 및 전신료, 우편료, 정보통신료 등
접대비	거래처 식사 접대, 거래처 경조사비 등
수도광열비	전기요금, 냉난방비, 난방유류대 및 도시가스 등
세금과공과	자동차세, 재산세, 면허세 및 협회비 등 - 다만 법인(소득)세는 판관비가 아니라 법인세차감전순이익 아래에 별도 표기됨
임차료	사무실 및 비품 등을 빌릴 때 정기적으로 지급하는 비용
수선유지	회계기준상 자산으로 인식되지 않고 비용으로 인식되는 항목으로 건물공사, 페인트칠, 유리수리, 타이어교체 및 비품기계수리 등 회사 재산을 수선 및 유지하기 위해 발생한 비용
보험료	화재보험, 자동차보험, 책임보험, 산재보험, 보증보험 등
차량유지비	회사 차량에 대한 차량유지비로 유류비, 차량수리, 정기주차 및 차량검사 등
교육훈련비	초청강사료, 교육비, 강의참여비, 학원비, 해외연수비 및 위탁교육 등
경상연구개발비	회계기준상 자산으로 인식되지 않고 비용으로 인식되는 연구개발로 발생한 비용
운반비	물류비용으로 운임비, 택배비, 퀵서비스 및 항공운임 등
도서인쇄비	신문·잡지 구독, 도서 구입, 명함·팜플렛 인쇄 및 복사비 등
회의비	회의를 위한 소모품 구입비 등
소모품비	문구, 필기구 등 소액으로 구입하는 사무용품비
지급수수료	판매 및 관리활동을 수행하기 위해, 외부전문기관 등을 활용하기 위해 발생하는 비용으로 송금수수료, 어음수표발행수수료, 카드결제수수료, 증명서발급수수료, 법률회계자문수수료, 검사비, 경비용역료, 청소용역비, 각종 비품의 유지보수료 등
감가상각비	유형자산 감가상각비

광고선전비	판매촉진을 위해 불특정 다수인에게 광고하는 경우로 광고제작, 팜플렛, 신문·라디오 광고, 전시회 등
판매수수료	판매와 관련된 주선수수료 및 판매알선수수료 등
수출제비용	수출시 발생되는 부대비용 - 수출포장, 운반, 보관, 선적, 통관비, 하역비 및 해상운임보험 등으로 경우에 따라 운반비와 통합해 사용
잡비	판매관리비에 속하나 자주 발생하지 않고 중요하지 않은 잡다한 비용을 처리할 때 사용

제조 비용과
판관비와의 관계

　일부 계정과목을 제외하고는 판관비에서 발생하는 계정과목과 매출원가를 구성하는 제조원가의 계정과목은 유사하다. 즉 비용을 '기능적 분류'에 따라 제조원가와 판관비로 구분하고 있지만, 비용 성격 자체는 유사하기 때문이다.

　실제로 원재료 구입 등을 제외한 급여, 건물임대료 및 감가상각비 등은 판관비의 비용과 별반 차이가 없기 때문이다. 예를 들어 공장건물과 관련된 비용은 제조원가로 분류되지만, 회계팀 등 지원조직이 사용하는 건물관련 비용은 판관비로 분류된다. 따라서 실무적으로 회사에서는 비용의 성격을 먼저 정의하고 각각 판관비와 제조원가[3] 항목으로 구분해 활용하기도 한다.

3　K-IFRS가 도입되기 전에는 많은 법인이 '제조원가명세서'를 첨부했다. 해당 자료를 통해서 제조원가에 들어가는 항목들에 대한 이해가 높았었는데, K-IFRS의 도입과 함께 '제조원가명세서'는 공시 대상에서 제외되었다.

식당에서 잃어버린 신발, 보상받을 수 있을까?

감가상각비의 계산 방법

'감가상각'이란 수익 창출을 목적으로 장기간 사용하기 위해 구입한 자산의 비용화와 관련된 개념이다.

태윤이는 간만에 아내와 함께 유명한 삼계탕 집으로 외식을 갔다. 간만에 둘이서 지내는 오붓한 데이트라 그런지 기분이 좋았다. 그런데 가는 날이 장날이라고 무더운 날이라서 그런지 손님들이 무척 많았다.

밀려드는 손님에 정신 없이 식사를 마치고 나와보니 태윤이는 한 달 전에 구입한 새 신발이 분실되었다는 사실을 알게 되었다. 처음에는 잘못 신고 간 사람이 나타나리라고 기대하고 영업이 종료될 때까지 기다렸지만, 결국에는 신발을 찾을 수가 없었다.

가게 주인에게 사정을 이야기했더니 미안해하면서 피해보상으로 선뜻 5만 원을 건네주었다. 하지만 태윤이는 구입한 지 한 달도 채 안 됐고 구입가격이 20만 원이 넘는데, 5만 원만 받기에는 조금 억울하다는 생각이 들었다.

과연 가게 주인이 제시한 5만 원은 회계적인 관점에서 적절한 보상금 액일까? 회계적인 관점에서는 이런 경우 얼마를 보상받을 수 있는 금액 이라고 이야기할 수 있을까?

신발의 가치가 감소하는 과정: 감가상각

태윤이가 잃어버린 신발에 대한 보상을 논의하기 위해서는 신발 이라는 자산의 가치가 얼마인지를 측정하는 것이 무엇보다도 중요 하다. 신발은 그 특성상 어디에서나 쉽게 구입이 가능하므로 신발의 최초 가치, 즉 취득 가액이 구입가격이라는 사실에는 태윤이나 가게 주인도 쉽게 동의할 수 있을 것이다.

다만 신발이라는 자산의 특성상 시간이 흐를수록 그 가치가 감소 하기 때문에 구입할 당시의 신발 가격 그대로를 가게 주인에게 보상 해달라고 하기에는 조금 무리가 있다.

시간이 흐름에 따라 자산의 가치가 감소하는 경우에 이를 반영해 자산의 가치를 인식할 수 있는데, 회계에서는 이를 '감가상각'이라 고 한다. 즉 '감가상각'이란 비용을 지출해서 구입한 후에 장기간 사 용하는 자산의 비용화와 관련된 개념이다.

달리 말하면 자산으로부터 얻을 수 있는 효익과 자산을 구입하는 데 들어간 비용을 일치시키는 과정, 즉 '수익비용대응'이 감가상각 의 본질이다. 따라서 평소 태윤이는 신발을 구입한 후에 3년 동안 신고 다닌다고 한다면 신발의 비용인식기간, 즉 회계학 용어로 이야기하면 '내용연수'를 3년이라고 주장할 수 있다.

감가상각에도 다양한 방법이 있다

여기서 또 한 가지 고민할 사항은 자산을 내용연수에 따라 비용화, 즉 '상각'하는 방법이다. 자산의 가치가 시간이 지날수록 감소한다고는 하지만, 감소하는 방식은 다양하기 때문이다.

간단하게 생각해보면 '내용연수'인 3년 동안 일정하게 감소한다고 가정하고 1/N 기준으로 감가상각을 계산할 수 있는데, 이러한 방식을 '정액법'이라고 한다.

하지만 '새로 산 것'과 '이미 사용된 것'의 가치를 생각해보면, 아무래도 초기에 그 가치가 많이 감소할 것으로 생각할 수도 있다. 이

▼ 감가상각방법별 계산 방식[4]

$$정액법 = \frac{취득원가 - 잔존가액}{내용 연수}$$

$$정률법 = (취득원가 - 감가상각누계액) \times 상각률^*$$

$$생산량비례법 = \frac{취득원가 - 잔존가액}{총생산량} \times 당회계연도 생산량$$

* 정률법상 상각율 공식은 조금 어려워서 일반적으로 상각율표를 기준으로 상각율을 이용한다.

처럼 초기에 자산의 가치가 많이 감소할 것을 예상해 초기에 감가상 각비를 많이 인식하고 나중에 적게 인식하는 방식을 '정률법'이라고 한다.

또한 태윤이가 정확한 걸음 수를 측정해 예상하는 총 걸음 수 대 비 현재까지의 걸음 수를 하나하나 셀 수 있다면, 걸음 수에 비례해 비용을 계산할 수도 있다. 자주 사용되지는 않지만 이러한 방식을 '생산량비례법'이라고 한다. 기업 실무에서는 광산에서 석탄을 채굴 하는 등 일정 자원이 정해져 있고 이를 채굴하는 양을 측정할 수 있 는 경우에 주로 사용된다. 그 외에도 '연수합계법' 등 다양한 방식을 회계에서는 소개하고 있다.

감가상각의 실무 적용상 이슈들

따라서 태윤이의 입장에서는 ① 신발의 구입가격이 20만 원이고 ② 신발의 가치는 시간의 흐름에 따라 일정하게 하락하기 때문에 '정액법'을 적용하고 ③ 과거 경험상 신발의 사용기간을 3년이라고 가정한다면, 한 달이 지났기 때문에 약 19만 5천 원이라고 주장할 수 있을 것 같다.

---

4 논의의 단순화를 위해서 넘어갔지만 '잔존가액'이라는 개념을 알아둘 필요가 있다. 만약에 내용연수가 완료되어 더이상 신고 다닐 수 없는 신발일지라도 폐기할 때 되팔 수 있다면 이를 '잔존가액'이라고 하는데, 유형자산의 감가상각비를 계산할 때 '취득가액'에서 '잔존 가액'을 제외한 금액을 감가상각비로 배부하는 것이 일반적이다.

태윤이가 생각하는 신발의 보상가격
= 신발의 구입가격(20만 원) − 신발의 감가상각(20만 원×1개월/36개월)

　과연 이러한 가정을 기준으로 태윤이는 가게 주인과 원만한 합의를 이끌 수 있을까? 가게 주인 입장에서 보면 신발의 구입가격이 20만 원이라는 사실에는 이견이 없을 것 같다. 다만 태윤이가 가정한 신발의 내용연수가 3년이라는 점과 시간의 가치에 따라 일정하게 감소할 것이라는 정액법이라는 감가상각방법에는 동의하지 않을 수 있다.

　마찬가지로 회계 실무에서 감가상각을 계산할 때는 기업에서 주장하는 내용연수와 감가상각방법이 합리적이라는 것을 입증해야 하는 어려움이 있다.

　실제로 기업에서는 이러한 이슈를 해결하기 위해서 ① 동종업종에서 사용하는 '내용연수'와 '감가상각방법'을 그대로 준용하거나 ② 과거 실제 경험치[5]를 산출해서 적용하기도 한다.

　우리나라에서도 K-IFRS를 도입하기 전까지는 대부분의 유형자산에 대한 내용연수 및 감가상각방법은 세법상에서 규정하는 방식을 준용했고, 회계에서도 이를 인정하는 분위기였다.

　하지만 세법상 규정은 사실관계를 충분히 설명하기 어렵기 때문

5　경험률의 예로는 회사에서 과거에 유형자산을 취득해 폐기된 일자를 평균화해 내용연수를 산출하는 방법 등을 고려해볼 수 있다.

에 K-IFRS에서는 세법상 규정을 준수하는 것만으로는 기업의 합리성을 인정하지 않았다.

따라서 K-IFRS가 본격적으로 도입되면서 기업들이 저마다의 합리적인 가정을 산정해 감가상각을 계산해야 하는 어려움이 있었던 기억이 난다.

소비자분쟁해결기준을
활용하자

　과연 태윤이는 '감가상각비'라는 개념을 가지고 가게 주인을 직접 설득할 수 있을까? 필자의 실제 경험을 공유해보자면, 설득이 쉽지 않았던 기억이 난다.

　다만 필자의 경우에는 '소비자분쟁해결기준'을 활용했던 기억이 있다. 소비자분쟁해결기준에서는 이러한 다툼을 해결하기 위한 배상 기준을 제시하고 있다. 해당 배상 기준은 취득가액에 사용일수를 환산해 95~20%를 배상하도록 되어 있는데, 이는 정액법으로 감가상각을 하는 회계기준과 일맥상통하다.

　태윤이의 경우, 가게 주인과 자신의 신발에 대한 내용연수 및 감가상각방법의 합리성을 설득하기보다는 '소비자 보호원'에서 제시하고 있는 일반적인 배상기준으로 논의하는 것이 조금 더 설득력 있을 것이다.

'손상차손'은 고정자산을 두 번 죽이는 것일까?

손상차손의 개념

수익에 기여하지 못하는 자산은 그 가치를 인정받지 못한다. 이렇게 인정받지 못하는 자산의 가치 감소분은 비용으로 인식하고, '손상차손'이라고 표기한다.

꽤 큰 사업을 운영하고 있는 최사장은 매년 회계감사를 받고 있다. 중국 경기 여파로 인한 불황을 돌파하기 위해서 가격도 인하해보고 여러 판촉행사도 해보았지만 예전처럼 매출이 늘지 않아 여간 걱정이 아니다. 어느덧 연말이 다가왔고 '중간감사[6]'를 받게 된 최사장은 아침부터 울그락불그락한 얼굴로 태윤이네 카페에 방문했다. 넌지시 무슨 일이냐고 물어봤더니, 중간감사에 온 회계사가 최사장네 매장에서 향후 매출이 늘어날 가능성이 높지 않으니 이번에 매장 인테리어와 관련해 추가

---

6 기업규모마다 다르겠지만 일반적으로 기말 회계감사는 대략 3∼5일이 소요된다. 해당 기간으로는 충분한 감사를 수행하지 못하기 때문에 연도 중에 내부 절차를 확인하기 위해 회계사가 방문하는데, 이 과정을 '중간감사'라고 한다.

로 비용을 잡아야 한다고 말했다는 것이다. 이미 매장에 대한 인테리어를 감가상각하면서 매년 비용화하고 있는데 무슨 비용을 추가로 잡느냐고 최사장이 회계사에게 따졌더니, 해당 건은 '감가상각비'와는 다른 '손상차손'이라는 이슈라며 막무가내란다.

옆에서 듣던 태윤이도 뭔가 조금 이상한 것 같다. 우선 '손상차손'이라는 용어 자체도 낯설기도 하지만, 이미 목돈이 들어간 매장 인테리어는 자산으로 잡았다가 매년 비용으로 인식하고 있는데 또 비용을 인식하라니 이상하다. 안 그래도 요즘 매출이 좀처럼 늘지 않아서 걱정이 많던 태윤이도 남의 일만 같지는 않다.

왜 회계사는 이미 비용화하고 있는 매장 인테리어에 대해서 추가로 비용을 잡으려고 하는 걸까? 과연 회계사의 이러한 주장은 옳은 걸까?

수익에 기여할 때만 인정받는 비용: 감가상각비

태윤이가 구입한 커피머신과 최사장이 매장 인테리어에 투자한 금액을 즉시 비용으로 처리하지 않고 유형자산으로 인식하는 이유는 향후 일정기간 동안 매출에 기여할 것이라고 예상하기 때문이다.

재무회계에서는 '수익비용대응의 원칙'에 따라 지출한 비용이 향후 일정기간 동안 매출에 기여할 것으로 예상되는 경우에는, 예상되는 매출이 발생하는 기간 동안 합리적이고 체계적인 방법으로 비용을 배분할 수 있도록 규정하고 있다. 이를 '감가상각'이라고 한다.

태윤이가 커피머신을 사용해 향후 5년 동안 커피를 판매할 수 있다면, 커피는 5년 동안 '감가상각비'라는 명목으로 비용으로 인식할 수 있는 것도 이러한 이유이다. 또한 매장 인테리어의 경우에도 제품 홍보 등의 역할을 통해 매출 발생에 기여할 것으로 예상되기 때문에 매장 인테리어의 투자 비용도 일정 기간 동안 비용화할 수 있다.

수익에 기여하지 못할 것이라고 주장하는 비용: 손상차손

하지만 커피머신 또는 매장 인테리어가 더이상 매출에 기여할 수 없다고 한다면 어떨까? 여전히 매년 감가상각비를 인식하는 것이 맞을까? 태윤이가 커피머신을 사용한 지 3년 만에 유행이 지나 옆에 신형 커피머신을 들여놓는다[7]면 어떨까? 또한 더이상 홍보 효과가 없다고 판단되는 매장 인테리어가 과연 유형자산으로서의 가치가 있을까?

매장 인테리어를 통해서 예상되는 수익이 6천만 원이고 매장 인테리어의 장부가액이 1억 원이라고 한다면, 매장 인테리어의 장부가액인 1억 원을 그대로 인정하기에는 조금 무리가 있어 보인다. '손상차손'이라는 개념은 이러한 생각에서 출발한다.

재무회계에서는 자산의 효익이 감소될 것으로 예상된다면, 이와 관련된 자산의 장부금액이 과대 계상되었는지를 확인하고 자산의

---

7 더 극단적인 가정으로, 커피머신이 고장나서 3년 만에 폐기해야 한다면 어떨까? 폐기한 이후에 남은 2년 동안 감가상각을 한다면 그게 더 이상하지 않을까?

손상여부를 검토하도록 규정하고 있다.

유형자산의 경제적 효익이 급격히 하락했음에도 불구하고 미래의 비용을 조정하지 않는다면, '미래수익과 미래비용'을 대응시키기 위해서 유형자산을 취득할 때 비용이 아니라 자산으로 인식했다는 취지에 어긋나기 때문이다.

예를 들어 최사장의 매장 인테리어를 설치한 지 1년이 지난 현재 장부가액이 8천만 원('취득원가' 1억 원에서 '내용연수 5년 및 감가상각누계액' 2천 만 원을 뺀 금액)이라고 하자. 또한 매장 인테리어를 지금 처분할 경우 다행히 5천만 원을 회수할 수 있다고 하고, 현재 매장 인테리어를 통해서 향후에 6천만 원의 수익이 예상된다고 하자.

그렇다면 현재 매장 인테리어의 장부가액은 얼마로 표시하는 게 좋을까? 향후 기대되는 예상 수익인 6천만 원으로 표시해도 되지 않을까? 회계에서는 장부가액 8천만 원과 미래예상수익 6천만 원과의 차이인 2천만 원은 '손상차손'으로 인식하고, 해당 비용은 비경상적인 영업활동 때문에 발생했으므로 '영업외손실'로 인식하도록 하고 있다.

회계상 '손상차손'의 인식기준

회계에서는 유형자산의 '손상차손'은 자산을 통해 회수 가능한 금액이 유형자산의 장부가액보다 낮은 경우에 그 차이만큼을 당기의 영업외비용인 손상차손으로 인식하도록 규정하고 있다.

또한 회수가능가액은 ① 현재 처분을 통해 회수할 수 있는 금액(사례에서의 5천만 원)과 ② 유형자산을 그대로 사용할 경우 미래에 창출할 수 있는 현금흐름(사례에서의 6천만 원) 중에서 큰 금액으로 인식하도록 규정하고 있다. 또한 이후부터는 최사장네 매장 인테리어의 장부가액은 6천만 원으로 기록하고, 향후에는 4년 동안의 감가상각은 8천만 원이 아니라 조정된 6천만 원을 기준으로 매년 비용화하게 된다.

이러한 유형자산의 손창차손은 자주 발생하지 않지만, 종종 신문상에서 화두가 되기도 한다. 과거 디스플레이(Display) 패널을 생산하는 회사들은 PDP가 LCD보다 대형화와 가격경쟁력 측면에서 장점이 많다는 이유로 집중적으로 생산설비를 투자했던 적이 있었다. 그러나 LCD의 급격한 기술발전으로 대형화가 가능해지고 가격경쟁력에 차이가 없자, PDP 시장이 축소되어 디스플레이 패널을 생산하는 회사들이 PDP 생산라인에 대한 대규모 손상을 인식해 사회적으로 이슈가 된 적이 있다. 급작스런 손실 반영으로 회사의 당기순손실이 갑자기 증가했기 때문이다.

다만 손상차손을 인식할 때 활용되는 '사용가치'는 전적으로 미래에 대한 매출 등의 추정을 기반으로 산출되기 때문에 논쟁의 소지가 많다. 그래서 회계감사시 유형자산에 대한 손상차손의 인식은 회사 입장에서나 외부감사인 입장에서나 어려운 주제 중 하나이다.

손상차손과
영업이익의 관계

　유형자산의 손상차손은 미래현금흐름을 추정할 수 있는 개별 자산별[8]
로 인식할 수 있다. 따라서 손상차손은 기계장치별 또는 매장별로 인식할
수 있다. 다만 관리회계 입장에서는 이러한 손상차손을 적극적으로 받아
들여야 하는가에 대한 고민이 필요하다. 유형자산의 손상차손은 영업외
비용으로 인식되므로, 유형자산의 손상차손을 인식한 이후에는 매년 해
당 유형자산에 대한 감가상각비가 줄어들기 때문이다.

　즉 앞의 사례에서 매장 인테리어의 감가상각비를 매년 2천만 원으로
인식하다가, 손상차손이 발생한 이후에는 감가상각비를 1,500만 원[9]으로
인식하게 된다. 만약 해당 기업이 영업이익을 기준으로 부문별 성과 평가
를 측정한다면, 유형자산의 손상차손이 발생한 이후에는 해당 부문의 감
가상각비가 줄어들어 오히려 영업이익이 더 좋게 평가될 수도 있다. 따라
서 다른 사업부문과의 형평성에서 논란이 발생할 여지가 있다.

8　회계용어로는 현금창출단위(CGU; Cash Generation Unit)라고 한다.
9　감가상각비는 장부가액인 6천만 원을 4년 동안 상각하므로 매년 1,500만 원이 인식된다.

내 자식인데 다 같은 손익이
아니라고 하면 어떡합니까?

영업외손익의 종류

영업활동 이외에서 발생하는 손익은 영업손익과 구분해서 '영업외손익'이라는 항목으로 별도
표시하도록 되어 있다.

얼마 전 외국 바이어와 거액의 계약을 한 장사장은 요즘 미국 경기 때문
에 걱정이라고 한다. 태윤이가 알기로는 해당 거래처가 무척 건실하다
고 알고 있어 돈을 떼일 염려도 없어보여, 장사장이 괜한 걱정을 하고
있는 것만 같다. 하지만 장사장의 이야기로는 외국 바이어로부터 물건
대금으로 달러를 받기로 했는데, 최근 원화가 강세이다 보니 달러가치
가 하락할 것 같아 걱정이라고 한다.

여러 가지 면에서 평소 의지가 되는 장사장이다 보니 이런 이야기를 들
으면서 태윤이는 내심 장사장에 대한 걱정이 앞선다. 사업을 키우는 과
정에서 장사장이 은행에 대출을 받은 게 있다는 사실을 알기 때문이다.
매년 은행에서는 영업이익을 기준으로 대출금리를 재책정하는데, 외화

와 관련된 손실 때문에 영업이익이 줄어들 수 있다는 생각에 걱정이 앞선다. 하지만 장사장은 돈을 적게 받는 게 걱정이지, 영업이익은 큰 걱정이 없다고 했다. 외화와 관련된 손실과 이자비용은 영업외비용으로 인식되기 때문이란다.

아니, 해외와 거래하는 경우에는 외화와 관련된 손익이 얼마나 중요한데 이런 손익이 영업손익이 아니라니 조금은 이상하다. 또한 사업과 관련해서 대출을 받은 사람과 자기 돈으로 사업을 시작한 사람의 영업이익이 동일하다는 것도 이해가 안 된다. 이런 차이는 경영 성과에 반영되어야 하지 않을까?

이런 생각을 하다 보니 영업손익과 영업외손익을 나누는 기준이 애매한 것 같기도 하다. 회계에서는 과연 영업손익과 영업외손익을 어떻게 분류하고 있을까?

다 같은 손익이라고 경영자 맘대로 표시할 수 있을까?

사업을 하다 보면 다양한 수익과 비용이 발생하기 마련이다. 우연찮은 기회에 로또에 당첨된다든지, 공장 부지로 사놓은 토지가 개발되어 되파는 과정에서 기대하지 않은 수익을 얻을 수도 있다. 반면에 화재로 인한 손실 등 예상치 못한 비용이 발생하는 경우도 존재한다. 문제는 이러한 예상치 못한 손익을 어떻게 재무성과에 반영하느냐에 있다.

일반적인 경영자라면 예상외로 발생한 수익일지라도 자신의 공

▼ 손익계산서의 구성

		매출액
(-)		매출원가
		매출총이익
(-)		판매비와관리비
		영업이익
(+)		영업외수익: 금융수익 + 기타수익
(-)		영업외비용: 금융비용 + 기타비용
		법인세차감전순이익
(-)		법인세비용
		당기순이익

로로 인정받고 싶어서 가능한 전면에 부각시키고 싶을 것이고, 예상외로 발생한 비용은 자신의 책임이 아니라며 가능한 눈에 띄게 않게 하고 싶지 않을까?

반대로 예상외 손익 자체를 달가워하지 않는 경영자들도 있을 것 같다. 재무회계에서는 이렇듯 예상외로 발생한 손익을 영업이익과 구별해 표시하도록 하고 있는데, 이를 '영업외수익 및 영업외비용'이라고 한다.

손익계산서상 영업외손익이 영업이익 아래에 위치해 있는 이유는 영업외수익과 영업외비용의 정의를 살펴보면 알 수 있다. 영업외수익이란 기업의 주된 경영활동이 아닌 부수 활동으로 벌어들인 수익을 의미하며, 영업외비용이란 기업의 주된 경영활동이 아닌 다른 활동이 원인이 되어 발생한 비용이라고 정의된다.

사례에서 환율변동에 따른 외화거래에 대한 손익도 장사장의 입장에서는 주된 경영활동에 따라 발생하는 손익이라고 보기는 어렵다. 환율변동에 따라 주어진 결과이므로 장사장이 의도했다고 보기에는 어려운 부분이기 때문이다.

따라서 재무회계에서는 정확한 영업이익을 평가하기 위해서는 영업활동과 관련되었다고 보기 어려운 손익은 별도로 모아서 보고하도록 되어 있다. 영업외손익과 관련된 주요 계정과목 및 유의사항을 살펴보면 오른쪽 표와 같다.

영업외손익은 어떻게 관리해야 할까?

영업외손익의 가장 큰 특징은 주된 경영활동이 아닌 부수적인 활동으로 발생한 손익을 의미한다는 걸 알 수 있다. 재무제표 이용자는 이러한 영업외손익이 반복적으로 발생하거나 그 금액이 크다면 회사의 경영 성과를 잘 살펴봐야 한다.

영업외손익이 영업활동으로 발생하는 손익보다 크거나 반복적으로 발생한다는 의미는, 기업의 경영활동에 이상 신호가 발생했거나 기업의 경영체계에 뭔가 변화가 왔다는 신호이기 때문이다. 예를 들어 지속적으로 회사가 유형자산을 처분해 손익이 발생하는 경우에는 회사의 경영체계가 다른 방향으로 변하고 있다고 추정해야 하지 않을까?

▼ 주요 계정과목별 영업외손익

이자수익 및 이자비용	여유 자금을 일시 운용하기 위한 예·적금과 관련된 이자수익과 운영자금을 마련하기 위해 일으킨 대출로 인해 발생한 이자비용을 사업의 주된 활동으로 인식하기는 어렵다. 따라서 금융업이 아닌 경우에는 영업외수익으로 인식한다.
수입임대료	회사의 주요 목적사업이 부동산 임대업 등 임대료 수익에서 발생하는 경우에는 매출로 인식할 수 있지만, 그외의 경우에는 영업외수익으로 인식한다.
유형자산 및 무형자산 처분손익	사용목적으로 취득한 유무형자산의 처분이 영업활동으로 분류되기는 어렵다. 처분이익을 목적으로 구입한 자산이 아니기 때문이다. 따라서 장부가액과 처분가액과의 차이는 처분손익으로 인식한다.
기타의 대손상각비	영업활동에서 발생하는 매출채권 등에 대한 대손충당금은 판관비 내 대손상각비로 인식하지만, 영업외활동에서 발생하는 미수금 등에 대한 대손충당금은 영업외비용으로 분류한다.
재고자산감소손실	일반적, 즉 경상적인 사유로 발생하는 재고의 감소는 매출원가로 인식하지만, 비경상적인 사유로 재고의 감소가 발생하는 경우에는 영업외비용으로 인식한다.
기부금	업무와 관련해 지출한 비용은 접대비로 인식하지만, 업무와 무관하게 지출한 비용은 기부금에 해당한다.
보험수익 또는 재해손실	화재 등으로 손실이 발생한 경우 손실 금액은 재해손실이라는 영업외비용으로 인식하고, 받을 수 있을 것으로 예상되는 보험수익은 영업외수익으로 별도 인식한다. 보험수익이 발생하지 않거나 예상이 어려운 경우에는 재해손실만 인식할 수도 있다.
매출채권처분손실	'받을어음'을 할인한 경우에는 장부금액과 회수금액의 차이를 매출채권 처분손실이라는 영업외비용으로 인식한다. 다만 K-IFRS에서 이러한 거래의 경우에는 차입거래로 인식할 수도 있으므로 사전에 기준 검토가 필요하다.
유형자산, 무형자산 및 투자자산손상차손	자산의 순사용가치 또는 실현가치가 장부가액보다 하락하는 경우에는 그 차액만큼을 손상차손으로 인식할 수 있다

잡손익 또는 기타영업외손익은 적당하게 넣자

회계감사와 관련해 영업외손익에서 자주 논란이 되는 개념이 '잡이익' 및 '잡손실' 또는 '기타영업외수익' 및 '기타영업외비용' 등이다. 해당 계정들은 '중요성'의 원칙에 따라 자주 발생하지 않고 거래 규모가 중요하지 않은 거래에 대해 기존에 회사가 분류하고 있는 계정체계에 속하지 않을 때 사용하게 된다. 문제는 해당 계정이 회계를 담당하는 실무자에게는 무척 매력적이라는 점이다.

예를 들어 회사를 운영한 지 20년 만에 처음으로 재고자산과 관련해 재해손실[10]이 발생했다면, 굳이 회사는 재해손실이라는 계정을 사용해서 손익계산서에 기록해야 할 필요는 없다. 앞으로도 발생하지 않을 거래이므로 '잡손실'이나 '기타영업외비용'으로 처리하는 게 경제적이다.

하지만 회계 실무상에서는 계정 성격이 애매하거나 향후 지속적으로 발생할 가능성이 높은 계정들도 현재 회사에서 사용하고 있는 계정과목에 없다는 이유로 '잡손익' 및 '기타영업외손익'을 생각보다 자주 사용하게 된다.

여기에서 주의할 점은 회계 감사에서 가장 자주 검토하는 계정과목이 이러한 '기타' 또는 '잡'으로 시작하는 과목이라는 것이다. 성격이 규명되지 않은 거래이므로 감사인 입장에서도 그냥 넘어가기

---

10 만약 창고에서 화재가 발생하거나 누수에 따른 침수 피해 등으로 재고자산이 심각한 피해를 입는 상황들을 가정할 수 있겠다.

에는 불안하기 때문이다. 경영진이 보고를 받을 때도 유사한 상황에 처하게 된다.

따라서 결산 시에 '기타' 또는 '잡'으로 시작되는 이러한 계정들을 검토하면서 금액이 큰 경우에는 기존 계정으로 재분류가 가능한지, 아니면 회사의 거래 트렌드상 신규 계정 생성을 고려해야 하는지에 대한 검토가 필요하다.

투자할 때는
이자비용에 주목하자

　영업외손익 중에서 이자비용은 별도로 주목할 필요가 있다. 투자의 귀재라는 워렌 버핏의 이야기를 들어보면 영업이익 대비 이자비용이 많은 회사는 극심한 경쟁업종에 속한다고 한다. 또한 장기적으로 경쟁우위를 가진 기업은 이자비용이 거의 또는 전혀 없는 게 일반적이라고 한다.

　워렌 버핏은 일반적으로 소비재 업종을 좋아하는데, 영업이익 대비 이자비용 비율이 15% 미만인 기업들에게 주로 투자한다고 한다. 해당 기업들이 장기적으로 경쟁우위에 놓여있다고 믿기 때문이라고 한다. 다만 영업이익 대비 이자비용 비율은 업종별로 다르기 때문에 업종 평균에 대한 분석이 필요하다.

　여기서 중요한 점은 이자비용과 관련된 분석원칙은 한 업종에서 영업이익 대비 이자비용 비율이 가장 낮은 기업이 장기적인 경쟁우위를 가지고 있으므로 해당 기업에 투자하는 것이라고 한다.

난 아무것도 한 게 없는데, 미국 경기 덕에 돈을 벌었다면?

외화환산손익 vs. 외환차손익

외화거래로 발생한 외화자산 및 부채는 화폐성 항목으로 분류되는 경우에 한해서만 기말에 외화환산손익을 인식한다.

외국 바이어와의 공급 계약으로 외화채권을 보유하고 있는 장사장은 연말이 다가오자 외화채권을 장부에 어떻게 기재해야 할지 고민이다. 오랫동안 장사를 해왔지만, 외국 바이어와의 거래는 처음이기 때문이다.

하지만 그동안 회계감사를 받은 가락이 있어서 대충 방향성은 알 것 같다. 외화 거래로 발생한 자산과 부채는 연말에 원화로 환산을 해서 장부에 기록해야 할 것만 같다. 따라서 외국 바이어와의 공급 계약시 미리 받은 '외화선수금[11]'과 아직 대금을 받지 못한 '외화채권'에 대해 연말 환율을 기준으로 각각 원화로 환산해서 장부에 기록했다.

나름 잘 처리한 것 같아 뿌듯한 마음으로 회계감사인에게 결산명세서를 제출했더니, 외화선수금은 외화환산 대상이 아니라고 하는 것이다. 외화채권이나 외화선수금이나 동일한 외국 바이어와의 거래로 발생한 외화 거래인데, 외화채권만 환산을 인정해주고 외화선수금은 인정해주지 않는다니 도대체 이해가 되지 않는다.

이번에는 장사장도 회계감사인이 조금은 어거지를 부리는 것 같아 따져보기로 했다. 도대체 회계감사인은 어떤 기준으로 이런 주장을 하는 걸까?

외화관련 손익이 발생하는 이유

외화거래로 발생한 외화자산과 부채를 외화금액으로 그대로 두지 않고 환산하는 이유는 무엇일까? 그 이유는 동일한 통화로 재무제표가 기록되어야 한눈에 재무정보를 볼 수 있기 때문이다.

장사장이 국내 거래처와의 거래와 외국 바이어와의 거래로 각각 1천만 원과 1만 달러의 매출을 발생했다고 해서 손익계산서에 매출을 각각의 통화로 구분 표시한다면 어떨까? 장사장의 총 매출을 알려면 '지금 달러가 얼마지' 하면서 한참 생각한 후에야 얼마인지를 알 수 있지 않을까?

따라서 달러화를 실제로 원화로 바꾸느냐 마느냐의 여부와는 상

---

11 선수금이란 제품이나 서비스를 받고 싶은 구매업자가 미리 돈을 지급하는 것으로, 아직 제품이나 서비스를 제공받지 않았으므로 제품이나 서비스를 제공해야 하는 사업자 입장에서는 자산이 아니라 부채로 인식한다.

관없이 재무제표에는 동일한 통화로 거래를 표시해야 한다. 따라서 우리나라에서는 활동하는 기업들은 외화로 발생된 거래도 대부분 원화로 통일해 재무제표를 기록하고 있다.

또한 외화거래를 원화로 바꾸는 과정에서는 외환손익이 발생하기 마련이다. 만약 장사장이 5월에 100달러의 매출이 발생했는데, 대금은 7월에 받기로 했다고 하자. 그리고 5월에는 1달러당 100원인 환율이 7월에는 1달러당 150원으로 올랐다고 하자. 장사장은 발생주의에 따라 5월에 100달러의 매출이 발생했기 때문에 그 당시의 환율을 기준으로 1만 원 매출이 발생했다고 기록할 것이다. 하지만 실제 7월에 100달러를 받았기 때문에 그 가치는 1만 5천 원으로 뛰었다. 장사장은 아무런 일도 하지 않았는데 5천 원의 이익이 추가로 발생한 것이다. 이러한 차이는 어떻게 반영되어야 할까?

만약 1만 5천 원의 돈을 받았기 때문에 해당 기준으로 매출을 5천 원을 추가로 인식해도 될까? 이미 5월에 1만 원의 매출을 인식했기 때문에 환율이 변동했다고 해서 매출을 수정하기는 어려워 보인다. 또한 당시에는 1달러당 100원이라는 사실을 알고 거래가 발생했기 때문에 매출은 1만 원으로 기록하는 것이 합리적으로 보인다.

따라서 재무회계에서는 환율변동에 의한 차이는 '외환변동에 따른 손익'으로 별도 기재하도록 되어 있다. 또한 이러한 차이는 외부변동에 의한 차이이기 때문에 영업이익이 아니라 '영업외손익'으로 기록하도록 되어 있다.

환율변동에 따른 손익의 유형

만약에 장사장이 5월에 발생한 외화매출에 대해서 7월이 아니라 내년 2월에 대금을 받기로 했다고 한다면 어떨까? 이런 경우 장사장은 올해 12월 말에는 받아야 할 외화대금이 100달러가 존재한다. 이 100달러 또한 연말에는 원화로 표시되어야 하기 때문에 연말 환율로 환산해 재무제표에 표시해야 한다.

하지만 대금을 받은 상태가 아니기 때문에 이러한 손익은 실현되었다고 보기 어렵다. 따라서 단순히 환율변동에 따라 변동된 손익이고 아직 대금을 받지 않았으므로 실현되지 않았다는 사실을 표현하기 위해서 기업 실무에서는 '외화환산손익'이라고 명명하고 있다.

반면에 대금을 지급받았을 때 거래 발생시와의 환율 차이로 발생하는 손익은 실현된 손익이므로 '외환차손익'으로 구별해 명명한다. 즉 사례에서 5월에 매출이 발생해 7월에 대금이 발생한 차이는 외환차손익이 된다.

환율변동에 따른 손익 인식은 아무나 하는 게 아니다?

환율변동에 따른 손익 인식과 관련해 한 가지 더 알아둘 점은 외화 거래로 인해 발생한 모든 외화자산 또는 부채에 대해 '외환차손익' 또는 '외화환산손익'이 발생하지 않는다는 것이다.

사례에서 장사장이 가지고 있는 외화채권의 경우에는 환율변동에 따른 손익을 인식한다. 하지만 만약 최초 거래를 트기 위해서 5월에 외국 바이어에게 장사장이 매출 거래와는 별도로 100달러를 미리[12] 받았다면 어떨까?

5월 환율이 달러당 100원이라면 장사장의 통장에는 1만 원[13]이 이체되었을 것이다. 이런 경우에는 연말에 환율이 아무리 변동되더라도 장사장의 통장에 찍힌 1만 원의 변화는 없다. 이미 대금지급이 완료되었으므로 '외화선수금'은 받은 즉시 원화 가치로 확정되었기 때문이다. 이에 반해 매출거래로 인해 발생한 외화매출채권은 아직 대금을 받지 않았기 때문에 언제 받느냐에 따라 원화가치가 변한다는 차이가 있다.

재무회계에서는 외화매출채권 같은 유형을 '화폐성 외화자산·부채'라고 한다. '화폐성외화자산·부채'란 현금과 예금, 매출채권, 매입채무 등과 같이 화폐가치의 변동과 상관없이 자산과 부채의 금액이 계약 등에 의해 일정액의 화폐액으로 고정되어 있는 경우, 당해 자산과 부채를 말한다. 즉 화폐성항목의 본질적 특징은 확정되었거나 결정 가능할 수 있는 화폐단위의 수량으로 받을 권리나 지급할 의무가 있다는 것이다.

장사장의 경우에는 달러가 오르거나 내리거나 100달러로 확정된

---

12 이런 거래 유형을 '외화선수금'이라고 한다.

13 사례에서는 논의의 단순화를 위해서 장사장이 받은 외화선수금 100달러는 원화로 바로 환전했다고 하자. 하지만 만약 외화선수금 100달러를 그대로 가지고 있는 경우에도 이러한 환율변동에 따른 손익은 외화선수금이 아니라 장사장이 가지고 있는 외화잔고에 따른 손익이기 때문에 외화선수금에 따른 환율변동효과가 아니라 외화잔고에 따른 환율변동효과로 인식한다.

금액을 받기로 했으므로, 이를 화폐성 자산이라고 한다.

이에 반해 외화선수금 같은 유형을 '비화폐성 외화자산·부채'라고 한다. 비화폐성 항목의 본질적 특징은 확정되었거나 결정 가능할 수 있는 화폐단위의 수량으로 받을 권리나 지급할 의무가 없다는 것이다.

재화와 용역에 대한 선급금(예: 선급임차료), 영업권, 무형자산, 재고자산 및 유형자산 등이 비화폐성 항목에 속한다. 즉 장사장이 외화선수금으로 받은 100달러는 추후에 제품이나 용역 등을 제공하면 되는 것이지, 외화 바이어에게 돈을 지급할 의무는 없다는 의미이다.

화폐성 외화자산·부채는 대차대조표일 현재의 적절한 환율로 환산한 가액을 대차대조표 가액으로 표시한다. 이 경우에 발생하는 손익은 외화환산손실 또는 외화환산이익 과목으로 해서 당기손익으로 처리한다. 반면에 비화폐성 외화자산·부채는 원칙적으로 당해 자산을 취득하거나 당해 부채를 부담할 당시의 적절한 환율을 환산한 가액을 대차대조표 가액으로 표시한다.

정리하자면, 화폐성 자산·부채는 기말 평가를 해 외화환산손익으로 처리하며, 비화폐성 자산·부채는 발생 후에 평가를 하지 않는다는 의미이다.

환율변동 차이에 따른
손익 표시 방법

한국회계기준(일반회계기준, K-GAAP)에서는 외화매출채권 결제시 발생하는 환율변동손익은 '실현된 손익'이라는 의미에서 '외환차익' 또는 '외환차손'이라는 이름의 계정을 사용한다.

반면에 결제되지 않은 상태, 즉 외화매출채권 상태에서 환율변동에 따라 원화환산금액에 차이가 발생해 인식해야 하는 환율변동손익에 대해서는 '미실현 손익'이라는 의미에서 '외화환산이익' 또는 '외화환산손실'이라는 계정을 사용해 구별하고 있다.

다만 K-IFRS에서는 구체적인 계정이름을 제시하지 않고 있다. 따라서 K-IFRS에서는 앞서 언급한 대로 외환차익, 환율변동차익 등의 여러 가지 표현을 써도 무방하다.

회사 또는 개인사업이 이번에 좋았다고 해서 예전에도 좋았을 것이라고 추측하는 것은 금물이다. 그렇다면 회사 또는 개인사업과 관련해 과거부터 현재까지의 성과를 한 눈에 볼 수는 없을까? 또 회사 또는 개인사업자는 벌어들인 돈이나 외부에서 조달한 자금을 어떻게 운영하고 있을까? 이러한 내용을 한 눈에 일목요연하게 볼 수 있다면 좋을 것이다. '재무상태표'는 회사 또는 개인사업자가 어떻게 재산을 운영하고 있는지를 한눈에 볼 수 있는 중요한 재무정보이다.

2부

재무상태표,
이보다 더 재미있을 수 없다

개인인 우리가 '재산'을 소유하듯이 회사 또는 개인사업자도 '자산'을 소유하고

있다. 다만 회계에서 이야기하는 자산은 사용목적에 따라 매출채권, 재고자산,

유형자산 등 종류가 다양하다. 이러한 자산의 의미가 무엇이고 어떻게 발생되

고 운영되는지를 정확히 이해해야 회사 또는 개인사업자의 정확한 '재산'의 의

미를 알 수 있다.

4장

자산

쉿! 당신만 아세요, 내 재산의 비밀!

재무상태표의 구조

재무상태표는 일정 시점에서 회사의 총 재산이 얼마이고 갚아야 할 부채는 얼마인지, 그래서 회사에게 귀속되는 순재산이 얼마인지를 한눈에 보여주는 표이다.

태윤이는 최사장이 근처에 구입한 토지에 건물을 신축해 매장을 이전한다는 소식을 들었다. 여러 사장님들이 모여 최사장에게 축하한다고 했더니, 자기 건물이 아니라며 너스레를 떤다. 고지식한 태윤이가 그러면 누구 건물이냐고 최사장에게 물었더니, 은행 돈을 빌려서 샀으니 은행 게 아니겠냐고 한다.

최사장의 말이 이해가 가지 않아 더 질문을 하려고 했더니 장사장이 그만하라며 옆구리를 쿡 찌른다. 카페에 앉아서 최사장과의 대화를 생각하던 태윤이는 불현듯 궁금한 점이 생겼다.

건물의 소유주는 최사장이지만, (농담으로 한 말이겠지만) 최사장의 말대로 대부분 은행에서 대출을 받아 샀다면 담보를 설정했을 테고, 그러면 은행에게도 일정 소유권이 있다고 봐야 맞을 것 같다. 과연 회계에서는 이런 경우에 최사장의 재산을 얼마라고 이야기할까?

재무상태표의 의미

'손익계산서'를 통해서 회사가 일정기간 동안 경영성과, 즉 얼마나 벌어서 얼마나 쓰고 얼마가 남았는지를 알 수 있다면, '재무상태표[1]'를 통해서는 일정 시점에 회사의 재정상태를 알 수 있다. 즉 일정시점에 회사의 총 재산은 얼마이고 갚아야 할 채무는 얼마이며, 그래서 온전히 회사에게 돌아올 수 있는 순재산이 얼마인지를 알 수 있다는 의미이다. 회계적인 용어로는 회사의 총재산을 '자산'이라고 하고, 회사가 갚아야 할 채무는 '부채'라고 표현하며, 회사에 온전히 돌아올 수 있는 순재산을 '자본[2]'이라고 한다.

또한 회계거래를 장부에 기입할 때는 왼쪽을 '차변'이라고 하고 오른쪽은 '대변'이라고 하는데, '재무상태표'에서는 일반적으로 '자산'을 차변(借邊)에 표시하고, '부채'와 '자본'을 대변(貸邊)에 표시하도록 하고 있다. 재무상태표를 '차변'과 '대변'으로 구분해 표시하면 해당 구조를 통해서 회사가 어떻게 자금을 조달해 운용 또는 투자하고 있는지를 한눈에 볼 수 있다.

---

1 K-IFRS가 도입되기 이전에는 '대차대조표'라고 명명되었다.
2 재무관리 등 경영학의 다른 분야에서는 부채를 '타인자본', 자본을 '자기자본'이라고 명명하기도 한다.

자산	부채
건물 5억 원	차입 3억 원

돈을 어디에 투자했는가

돈을 어떻게 모았는가

자본
자본 2억 원

사례를 기준으로 장부상에 '재무상태표'를 작성해보면, 최사장은 신축한 건물 5억 원의 재산은 왼쪽인 차변에 기록하고, 은행에게 갚아야 할 부채 3억 원과 그 차액인 최사장에게 돌아올 수 있는 순재산인 자본 2억 원은 대변에 기록할 수 있다.

위의 '재무상태표'를 잘 살펴보면, 최사장은 은행 차입 3억 원(즉 부채)과 수중에 있는 돈 2억 원(즉 자본)을 조달해 건물 5억 원(즉 자산)을 구입했다는 사실을 추론할 수 있다. 즉 회사의 '재무상태표'상 대변 항목인 부채와 자본을 통해서 '돈을 어떻게 모았는지'를 알 수 있으며, 차변 항목인 자산을 통해서 '모은 돈을 어디에 투자했는지'를 알 수 있다는 의미이다.

일정 부분의 자금을 은행 차입을 통해서 조달해 건물을 매입하는 경우에도 최사장에게 귀속되는 순재산인 자본만 기록하지 않고 거래 총액을 재무상태표에 표시한다면 이러한 정보를 충분히 활용할 수가 있다. 그러므로 회계에서는 은행 차입이 있더라도 은행 차입을 제외한 순자산인 2억 원만을 최사장의 자산으로 기록하지 않고, '재무상태표'에 건물 총액과 은행 부채를 각각 표시하는 방식[3]을 택하고 있는 것이다.

회사는 재무상태표를 통해 '건강검진표'처럼 회사의 건강상태[4]를 알 수 있다. 회사의 재무상태표상 부채비율을 확인해보면, 현재 회사가 자산을 얼마나 보유하고 있으며, 회사 자산을 보유 및 운용하기 위해서 자기자본 또는 타인자본을 통해 자금을 어떻게 조달했는지를 알 수 있기 때문이다. 또한 부채비율 등 재무비율을 통해 현재 기업이 당면한 현실을 확인할 수도 있다.

절대불변의 회계 등식: 자산=부채+자본

이제 독자들에게 회계에서 가장 중요한 '회계 등식'을 알려줄 때가 온 것 같다. 복식부기[5]를 채택하고 있는 회계에서는 '재무상태표의 차변과 대변은 항상 같아야 한다'는 원칙이다.

---

3 만약 사례처럼 최사장이 은행으로부터 '신용대출'이 아니라 '담보대출'을 한 경우에는 주석으로 담보설정내역도 별도로 표기하도록 되어 있다. 부채와 관련된 내용은 재무정보이용자에게 중요한 정보이기 때문이다.
4 회계적인 용어로는 '재무건전성'이라고도 한다.
5 복식부기란 기업의 거래 내역을 계정과목을 통해 대변과 차변으로 구분해 이중기록 및 계산이 되도록 하는 회계처리 방식을 말하는 것으로, 단식부기와 상대되는 개념이다. 복식부기는 거래의 이중성 또는 대칭관계를 전제로 하고 있으므로, 차변 및 대변의 각 합계가 일치되어 대차평균(貸借平均)의 원리가 성립된다. 따라서 이 원리에 의해 복식부기는 자동 검증기능을 수행할 수 있다.

차변의 합계와 대변의 합계가 일치할 수밖에 없는 이유는 자산이 부채와 자본을 활용해서 나온 결과이기 때문이다. 즉 자금을 조달한 부채와 자본의 금액과 이를 활용한 결과인 자산의 합계는 동일할 수밖에 없다.

차변	=	대변
자산		부채 + 자본

그렇다면 '손익계산서'와 '재무상태표'는 어떤 관련이 있을까? 자본의 자세한 구성항목에 대해서는 나중에 자세히 이야기하겠지만,

▼ 최사장의 재무정보를 바탕으로 본 재무상태표와 손익계산서의 연계 구조

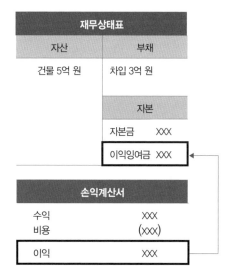

손익계산서상의 당기순이익도 재무상태표의 자본을 구성하는 항목 중 하나이다. 앞에서 이야기한 것처럼 자본이란 회사에 귀속될 수 있는 순재산을 의미하며, 이익 또한 회사에 귀속될 순재산이기 때문이다. 즉 최사장이 5억 원의 건물을 구입하기 위해서 투자한 자기자본 2억 원에는 그 동안 최사장이 벌어들인 이익의 누적액도 포함되어 있다는 의미이다.

재무상태표 사례 살펴보기

▼ 최사장의 재무상태표 예시

단위: 억 원

자산항목		부채항목	
유동자산	6	**유동부채**	5
현금 및 예금 은행 잔고 등	1	외상매입금 신용구매 잔고	3
매출채권 대형거래처 신용 매출 잔고	2	단기차입금 1년 만기 은행 차입	2
재고자산 미판매된 재고 잔고	3		
비유동자산	6	**비유동부채**	2
유형자산 건물 및 인테리어 등	5	장기차입금 3년 만기 은행 차입	2
임차보증금 가게 임대 관련 보증금	1		
		자본항목	
		자본금 주주의 출자금	3
		기초이익잉여금	1
		당기순이익	1

돈을 무엇에 투자했는가

돈을 어떻게 모았는가

최사장의 재무상태표가 위의 표처럼 표시된다면 총 자산은 12억 원이고, 갚아야 할 부채가 7억 원이며, 순자산인 자본이 5억 원임을 알 수 있다.

또한 자본항목을 보면 최사장이 회사를 설립 또는 유지하기 위해 출자한 금액이 3억 원이며, 올해 1억 원의 당기순이익을 포함해 그동안 2억 원의 순이익[6]이 증가했음을 알 수 있다.

한편 부채항목을 보면 원재료 등을 구입하고 지급하지 않은 채무가 3억 원이고, 은행 등에게 빌린 단기차입과 장기차입이 각각 2억 원임을 알 수 있다.

마지막으로 자산 항목을 살펴보면, 최사장은 자본 5억 원 및 부채 7억 원을 가지고 유형자산에 5억 원, 임차보증금으로 1억 원, 재고자산 3억 원에 투자했으며, 거래처로부터 아직 받지 않은 돈은 2억 원이 있으며, 현금으로는 1억 원을 운용하고 있음을 알 수 있다.

손익계산서와 재무상태표는 각각 존재하는 별도의 개념이 아니라 기업의 경영성과를 나타내는 하나의 재무제표처럼 연결된다는 점을 이해하는 것이 중요하다. 일정 기간의 경영성과가 손익계산서로 표현되면, 그 결과가 재무상태표에 차곡차곡 쌓여 잉여금으로 나타나게 된다.

또한 재무상태표에 표시되는 (자기)자본항목뿐만 아니라 타인자본으로 표시되는 부채항목을 통해 기업이 조달한 자금이 현재 어떻게 자산으로 운용하고 있는지를 전체적으로 알 수 있다.

---

6 이익잉여금이란 회사에서 그동안 발생한 이익의 총 누적액을 의미한다. 따라서 기초이익잉여금이 1억 원이라는 의미는 그동안 누적된 이익의 합계라는 의미이다. 다만 이익잉여금에서 배당 등을 통해 주주에게 배부한 금액은 제외되고 표시된다.

재무상태표의
유동성 배열법

　재무상태표상 자산, 부채 및 자본에는 각각 세부항목이 아래 그림처럼 표시된다. 기업들이 공시한 재무상태표를 살펴보면 이러한 세부항목이 유사한 순서로 나열되어 있다는 사실을 알 수 있는데, 그렇다면 이러한 세부항목을 나열하는 일정한 기준이 있는 것은 아닐까?

　회계에서는 현금화 정도나 현금화 속도를 '유동성'이라고 한다. 또한 일반적으로 현금화 속도가 1년 미만인 경우에는 '유동성이 높다'고 표현하고, 1년 이상인 경우에는 '유동성이 낮다'고 표현한다.

재무상태표는 자산과 부채를 유동성의 순위에 따라 배열하는 것이 원칙인데, 이것을 '유동성 배열법'이라고 한다.

즉 재무상태표는 보고일 시점에서 1년 미만에 현금화가 가능하거나 만기가 도래하는 자산이나 부채를 '유동'으로 분류하고, 1년 이상이라면 '비유동'으로 분류한다.

또한 유동자산 안에서도 현금화 가능 기간이 짧은 것을 맨 위에 표시하는데, '현금'이 자산 중에서도 맨 위에 표시되는 것은 다 이러한 이유에서이다.

받을 돈이 많으면
좋은 것 아닌가요?

매출채권과 대손충당금

매출채권 잔액 중에서 미래에 받지 못할 것으로 예상되는 부분을 추정해 매출채권 총액에서 차감하도록 하고 있는데, 이를 '대손충당금'이라고 한다.

사업이 바빠서 그랬는지 장사장이 간만에 태윤이의 카페에 들렀다. 이런저런 이야기를 하다가 장사장이 자꾸 매출채권만 쌓여가서 절로 한숨이 나온다고 했다. 특히나 이번 연말에는 대출금에 대한 연장 심사가 있는데, 매출채권에 대한 '대손상각비'가 늘어 영업이익이 잘 나올 것 같지 않다고 연신 한숨이다.

아직 회계 용어가 낯선 태윤이가 "대손상각비가 늘면 왜 영업이익이 낮아지냐"라고 물어봤더니, 받기가 어려울 것으로 예상되는 매출채권은 미리 떨어야 하는데 그때 발생하는 비용이 회계상 용어로 '대손상각비'라고 장사장이 알려주었다.

아직 회계가 낯설어서 그런지 태윤이는 잘 이해가 되지 않는다. 매출채권이 많다는 의미는 향후에 그만큼 받을 돈이 많다는 의미인데 장사장이 왜 걱정을 하는지 모르겠다. 또한 열심히 장사를 해서 인식한 매출채권인데, 왜 못 받을 걸 가정하고 미리 비용을 인식하라고 하는지도 전혀 납득이 안 된다.

회계에서는 이에 대해 도대체 어떻게 하라고 하는 걸까?

물건을 팔았다고 돈을 다 받을 수 있을까: 대손의 의미

매출과 관련된 모든 거래가 현금으로 진행된다면 좋겠지만, 현실은 그렇지 않다. 실제로 많은 회사가 물건을 팔 때마다 바로 돈을 받지 않고 대금을 나중에 모아서 받는 경우가 대부분이다. 이러한 거래를 신용 또는 외상거래라 하며, 이와 관련해 영업활동에서 신용거래로 발생한 수익에 대해 미래에 돈을 받을 수 있는 권리를 매출채권[7]이라고 한다.

기업경영에서 매출채권이 중요한 이유는 기업의 본원적인 영업활동을 통해 발생하는 지속적인 현금창출 수단이며, 매출채권 규모를 통해 가까운 미래에 유입될 현금의 크기를 예측할 수 있기 때문이다.

하지만 신용거래를 하다 보면 매출채권 중 일부가 회수가 불가능한 경우가 발생하기 마련이다. 재무회계에서는 매출채권의 회수가

---

7 회사의 영업활동 이외의 거래에서 발생하는 '나중에 돈을 받을 수 있는 권리'는 매출채권과 구별해 '미수금'이라고 부른다.

불가능한 상태를 '대손(Bad Debt)'이 발생했다고 하고, 대손으로 발생한 부분을 '대손상각비'라는 비용으로 인식한다.

기업회계기준에서는 실제 매출채권에서 대손이 발생하지 않은 경우에도 발생주의에 따라 매 회계연도 말에 남아있는 매출채권 잔액에 대해 대손이 예상되는 금액을 추정해 '대손충당금'을 쌓도록 규정하고 있다.

다만 대손충당금이라는 용어의 이질감 때문인지 회계를 처음 접하는 독자들은 대손충당금을 마치 대손이 확정되어 미래에 받지 못할 금액이 정해진 것으로 오해하는 경우가 있다. 대손충당금이란 현재 시점에서 미래에 받지 못할 금액을 추정한 결과이기 때문에, 개인적인 입장에서는 대손충당금 대신 '대손예상액'으로 바꾸어 표현한다면 오해가 덜하지 않을까 한다.

확정되지 않은 매출채권의 대손예상액을 추정하는 이유

그런데 회계에서는 왜 받지 못하는 것으로 확정되지 않은 매출채권에 대해 못 받을 부분만큼을 추정해 미리 인식하라고 하는 것일까? 대손충당금을 인식하는 이유는 발생주의 및 기업의 성과와도 관련이 있다.

만약 회사의 경영자가 매년 발생한 매출액 기준으로 성과평가를 받고 있으며, 평가받는 매출은 대손을 제외한, 즉 현금유입 예상액을 기준으로 받는다고 하자.

성과평가를 이렇게 설정하는 이유는 단순히 매출이 증가하는 것이 중요한 것이 아니라 우량 기업의 매출을 늘려 매출채권을 안정적으로 회수하도록 관리해 현금 회수의 안정성을 높이는 것도 중요하기 때문이다.

간단한 사례를 통해 대손을 인식하는 시점에 따라 성과평가가 어떻게 달라지는지 살펴보자.

실제 발생한 매출에 대해 현금은 차년도에 회수되고, 매출액 대비 실제 대손은 평균 20%[8]라고 가정한다면, 다음의 '사례 1'처럼 대손이 발생한 시점, 즉 매출채권을 받지 못하는 것이 확정된 시점에 대

▼ 대손상각비 인식 방법 사례(매출과 대손의 상관관계)

		2019	2020	2021
사례 1. 매출시점과 상관없이 대손이 실제 발생한 시점에 인식하는 경우				
	매출	1,000	2,000	1,000
	대손상각비	–	(200)	(400)
	순매출이익	1,000	1,800	600
2019년 대비 순매출성장률		100%	180%	60%
사례 2. 대손을 매출이 발생한 시점에 추정하는 경우				
	매출	1,000	2,000	1,000
	대손상각비	(200)	(400)	(200)
	순매출이익	800	1,600	800
2019년 대비 순매출성장률		100%	200%	100%

─────▶ 매출과 대손의 연관관계

---

8 논의의 편의를 위해 실제 대손발생률과 예상 대손발생률이 동일하다는 가정을 했다.

손상각비를 인식하는 경우와, '사례 2'처럼 회계기준에서 제시한 매출채권의 대손예상액을 추정해 인식하는 경우의 성과평가에 미치는 영향은 상이하게 나타난다.

'사례 1'처럼 실제 대손이 발생한 경우에 대손상각비를 인식하는 경우에는 '순매출성장률[9]'은 매출액변동률과 차이가 있음을 알 수 있다. 즉 2020년도는 2019년도 대비 매출이 100% 성장했음에도 불구하고 2019년도의 매출에 파생되는 대손 200을 2020년도에 인식해 순매출성장율은 180%로 인식하게 된다. 또한 2021년도에는 매출이 2019년도와 동일함에도 불구하고 2020년도의 매출에 파생되는 대손 400을 2021년도에 인식해 순매출성장율은 60%로 인식하게 된다.

이에 반해 '사례 2'처럼 대손예상액을 미리 추정하게 된 경우에는 실제 대손이 언제 발생했는지와 관계 없이 2019년, 2020년 및 2021년에 매출의 변동률과 동일하게 '순매출성장률'을 인식할 수 있음을 알 수 있다.

또한 '사례 1'의 경우 회사의 사정으로 경영진이 교체되어 2020년도와 2021년도의 경영진이 각각 다르다면 어떨까? 2021년도에 대손을 400으로 인식하는 이유는 2020년도의 경영진의 성과에 따른 영향이며, 2021년도에 본인이 달성한 매출과는 무관하다. 그렇다면 2021년도에 성과평가를 받는 경영진의 입장에서는 억울할 수도 있지 않을까?

---

9 순매출성장율은 '2019의 순매출이익' 대비 '2020 및 2021의 순매출이익'을 각각 비교했다.

따라서 매출이 발생한 기간에 예상되는 대손을 인식한다면 합리적인 성과관리가 가능하다. 기업회계기준에서도 이를 반영하기 위해 매출이 발생한 기간에 예상되는 대손상각비를 인식[10]하도록 규정하고 있다.

실무상 대손충당의 한계

다만 대손충당금은 현재 시점의 경험율 등을 기반으로 미래를 예측하기 때문에 정확한 미래 대손예상액을 반영하기 어렵다. 과거 금융위기 시기에 실제 발생한 대손상각비가 직전 사업연도, 즉 금융위기 이전에 추정한 대손예상액 또는 대손충당금보다 훨씬 컸다는 사실을 보면 '추정은 추정일 뿐'이라는 사실을 알 수 있다. 즉 대손충당금의 설정만으로 미래의 정확한 대손 예측이 어렵다는 단점이 존재한다는 의미이다.

또한 대손충당금의 설정은 회사 또는 경영진의 성향에 따라 낙관적 또는 보수적으로 매출채권의 미래 회수 가능성을 각각 다른 잣대로 평가하는 경우를 종종 볼 수 있다. 따라서 대손충당금은 회사의 의도에 따라 재무회계 분식의 수단으로 이용될 수도 있기 때문에 주의 깊게 살펴볼 필요가 있다.

---

10 조금 더 정확히 표현하자면, 회계기간 말의 매출채권 잔액을 기준으로 대손예상액을 추정해 대손충당금을 쌓도록 규정되어 있다.

대손충당금을
설정하는 방법

기업에서 대손율을 설정하는 방법은 4가지다. 우선 매출액을 기준으로 향후 몇 % 정도의 대손이 발생할 것이라고 추정해 매출액 대비 대손상각비를 추정하는 방식을 검토할 수 있는데, 해당 방법은 수익-비용대응의 원칙에 조금 더 충실한 방법이라고 할 수 있다. 두 번째로 고민할 수 있는 방법은 기말 현재의 매출채권 잔액에 대손율을 일괄적으로 적용해 대손예상액을 구하는 방법이다. 세 번째 방법은 거래처별로 매출채권 잔액을 분석 및 회수 가능성을 검토해 개별적으로 대손율을 추정하는 방식으로 '개별법'이라고도 한다. 마지막으로 매출채권 잔액에 대해 각각의 개별채권의 발생일 및 만기일을 검토해 경과일수별로 회수 가능성을 검토해 대손을 추정하는 방법이 있는데, '연령분석법'이라고도 한다.

다만 첫 번째 방법은 이미 회수된 매출과 관련된 현금도 대손을 설정할 수 있다는, 즉 매출채권 기준으로 대손을 설정하는 방식이 아니라는 이유로, 그리고 두 번째 방법은 채권에 대한 보다 합리적인 분석이 가능함에도 너무 단순화했다는 이유로 실무에서는 잘 사용되지 않는다.

재고자산은 낭비일까, 아닐까?

재고자산의 의미와 적정재고자산의 관리방법

기업에서 재고자산의 관리는 중요한 화두이다. 오래된 재고자산은 판매가 불가능하고, 과다한 재고자산의 보유는 기회비용이 발생하기 때문이다.

카페를 운영하고 있는 태윤이는 커피 재료인 원두의 원활한 공급을 유지하고 단위당 원두의 구입단가를 낮추기 위해 대량으로 원두를 구입하곤 한다. 그래서 그런지 태윤이의 원두 보관 창고에는 항상 원두포대가 흐뭇하게 쌓여 있다.

지나가다가 이를 본 최사장은 재고를 이렇게 많이 쌓아두면 다 낭비라고 지적을 한다. 요즘 회계 공부에 한창이던 태윤이는 재고는 장부상 자산으로 기록되는데 괜히 시비를 거는 최사장의 속내를 알 수가 없다. 혹시나 해서 장사장과 이야기를 해보니, 장사장은 최사장의 말도 틀린 이야기가 아니라고 한다. 그동안 믿었던 장사장인데 주는 것 없이 미운 최사장을 편드는 것 같아 조금 서운하다.

과연 회계에서도 '재고는 낭비'라고 이야기하는 걸까? 그리고 재고자산은 어떻게 관리해야 할까?

재고가 자산인 이유

회계에서는 재고자산에 대해 '회사가 정상적인 영업과정에서 판매를 위해 보유중이거나 생산중인 자산 또는 생산이나 용역제공에 사용될 원재료나 소모품[11]'이라고 정의하고 있다. 따라서 이런 재고자산의 정의만 놓고 봤을 때는 사례의 태윤이가 이해하고 있는 지식은 타당하다.

다만 명심해야 할 것이 있다. 재고가 '자산'으로 인식될 수 있는 이유는 제품 판매를 통해 매출 창출에 기여할 것으로 기대되기 때문이다.

커피 한 잔에 3,000원이라는 매출을 발생시키기 위해서는 원두 1,000원을 원재료라는 자산으로 가지고 있어야 하며, 실제 커피를 판매할 때 소요된 원두 1,000원은 매출원가라는 비용으로 인식하게 된다. 즉 <u>재고자산은 '제품 판매'라는 거래를 통해 수익 발생이 예상되는 경우에 한해 자산으로서 가치가 인정된다. 또한 제품이 판매될 때에 해당 재고자산은 '매출원가'라는 비용화 과정을 거치게 된다.</u>

---

11 '기업회계기준서(K-IFRS) 제1002호 재고자산'을 준용했다.

재고자산의 예외적인 비용화 과정: 평가손실

하지만 이와는 반대로 매출이 발생하지 않으면서 재고자산이 비용화하는 경우도 존재한다. 이를 '진부화'라고 하는데, 재고자산이 계속 팔리지 않고 남아 있어 그 가치가 지속적으로 하락하는 경우를 의미한다. 재무회계에서는 재고자산이 진부화되어 그 가치가 하락한 경우에는 해당 재고자산에 대해 손실을 기록하도록 하고 있다.

예를 들어 태윤이가 1kg에 10,000원으로 구입한 원두가 한 달이 지나도록 원두 창고에 쌓여있는데, 원두가격은 1kg에 6,000원으로 시장가격[12]이 하락했다고 가정해보자. 이런 경우 태윤이의 원두 창고에 쌓여있는 원두의 가치를 구입할 당시의 10,000원이라고 주장하기는 어렵지 않을까?

누가 봐도 실제 시장가치인 6,000원만큼만 커피 원두의 가치라고 인정할 수 있다. 따라서 구입할 당시의 10,000원과 시장가치인 6,000원의 차이인 4,000원이 재고자산 평가손실[13]인 당기 비용으로 장부상에 반영되는데, 이는 매출 없이 재고자산이 비용화되는 사례이다. 당연히 해당 사례에서는 매출이 발생하지 않으므로 이익도 발생하지 않는다.

---

12 시장가격이란 태윤이가 동일한 상태의 원두를 외부에 6,000원에 판매하거나 구매할 수 있는 가격을 의미한다.

13 K-IFRS에는 이를 '저가법'으로 규정하고 있으며, 재고자산취득원가와 순실현가능가치(재고자산을 판매했을 때 받을 금액에서 기타 부대비용을 차감한 금액) 중 낮은 가격을 재고자산의 장부가격으로 결정하는 방법을 의미한다.

재고자산 보유 또는 부족에 따른 기회비용도 존재

또한 재고자산을 과다하게 보유했을 경우에는 기회비용도 발생한다. 우선 재고를 쌓아둘 창고비용이 발생할 수 있으며, 창고를 유지하기 위한 운영비용도 발생할 수 있다. 재고자산을 구입할 때 들어간 돈과 재고가 판매되어 현금이 회수될 때까지 묶인 이자부담도 무시할 수 없는 기회비용이다.

그렇다고 "재고자산이 낭비"라는 말에 태윤이가 너무 적게 원두를 보유하게 된다면 문제가 생긴다. 원두가 없어서 커피를 판매하지 못하는 상황에 직면할 수도 있게 되기 때문이다.

재고자산의 효율성 측정지표: 재고자산 회전율 및 회전기간

이러한 이유로 경영 실무에서는 '적정재고 관리'가 기업 경영의 중요한 이슈로 항상 대두되고 있다. 회사가 재고를 효율적으로 관리하고 있는지를 측정할 수 있는 주요 재무지표로는 '재고자산 회전율' 또는 '재고자산 회전기간'이 사용된다.

재고자산 회전율이란 재고자산이 1년 동안 어느 정도 속도로 판

▼ 재고자산 회전율 또는 회전기간의 계산식

재고자산 회전율 = 매출원가[14] / 재고자산
재고자산 회전기간 = 1 / 재고자산 회전율 X 365일

매되고 있는가를 나타내는 활동지표인데, 일상생활에서 자주 사용되는 '식당에서의 회전율'을 생각하면 이해하기 쉬울 것 같다.

예를 들어 태윤이가 소유한 원두의 재고자산 회전율이 10이라고 한다면, 1년 동안 현재 원두 재고의 10배만큼 소비되어 매출이 발생한다는 의미이다. 따라서 재고자산 회전율이 높을수록 태윤이의 경영성과는 좋다는 의미로 볼 수 있다.

이와 유사한 개념으로 만약 재고자산 회전기간이 30일로 계산되었다면, 태윤이가 원두를 구매해 판매하기까지 평균 30일이 소요된다는 의미이다. 즉 재고자산 회전기간이 낮을수록 태윤이의 경영성과는 좋을 것이라는 의미이다. 또한 평소 재고자산 회전기간이 30일이 걸리므로 태윤이는 최소한 30일분의 원두를 미리 구입해놓아야 원두가 없어서 커피를 판매할 수 없는 기회손실을 놓치지 않을 수 있다는 의미이다. 다만 재고자산의 측정 지표인 회전율 또는 회전기간은 절대적인 측정값은 될 수 없으며, 동종 업계 또는 산업의 평균과 비교해 평가되어야 한다.

정리하자면 재고자산의 효율적인 관리가 필요한데, 재고자산을 효율적으로 관리하기 위해서는 '적정수량'과 '진부화'를 항상 고려해야 한다. 적정 수량 관리를 통해 낭비 또는 판매의 기회비용을 방지할 수 있으며, 진부화 관리를 통해 매출 없이 발생할 수 있는 재고의 비용화를 막을 수 있기 때문이다.

---

14 경우에 따라 '1년 동안의 매출원가' 대신 '1년 동안의 매출액'을 사용하기도 한다. 또한 재고자산도 '(기초+기말)/2'를 사용하기도 한다.

재고자산의
유형을 알아보자

일반적으로 재고자산이라고 하면 상품 또는 제품만을 생각하기 쉬운데, 재무회계 관점에서는 재고자산은 상품, 제품, 반제품/재공품, 원재료 및 소모품 등 다양하게 분류된다. 특히 반제품 및 재공품은 제조 중인 재고자산이라는 점에서는 동일하지만, 반제품은 그 상태에서 외부에 판매할 수 있고 재공품은 판매할 수 없다는 점에서 차이가 있다.

재고자산에 대한 유형별 정의는 아래와 같다.

- 상품: 기업이 정상적인 영업과정에서 판매를 목적으로 구입된 것
- 제품: 기업 내부에서 판매를 목적으로 제조한 생산품
- 반제품: 자가제조한 중간제품과 부분품 등
- 재공품: 제품의 제조를 위해 제조과정에 있는 제품
- 원재료: 완성품을 제조 및 가공할 목적으로 구입한 원료나 재료 등
- 소모품 : 내용연수가 1년 미만인 예비부품과 수선용구 등

내가 가지고 있는 재산,
다 같은 자산이 아니라구요?

유형자산의 정의 및 자본적 지출 vs. 수익적 지출

자산은 그 사용 목적에 따라 분류되며, 유형자산은 영업활동을 지원하기 위해 장기간 사용할 목적으로 구입한 자산을 의미한다.

태윤이는 카페의 재무제표를 살펴보며 회계 공부에 여념이 없다. 올 한 해를 정산하고 내년에 어떻게 사업을 진행할지를 고민하던 중, 문득 카페의 인테리어가 유형자산으로 분류된다는 사실에 의문이 들었다. '왜 카페 인테리어는 재고자산이 아니고 유형자산일까?'

그러다 놀러 왔던 장사장이 "토지나 건물도 항상 유형자산으로 분류되는 건 아니다"라고 말한다. 아니, 어느 회사의 재무제표를 봐도 토지나 건물은 다 유형자산으로 분류되는 것 같은데, 유형자산이 아니라니! 태윤이는 머리가 더 복잡해진다.

재고자산? 유형자산? 회계에서는 자산의 유형을 어떻게 분류하고 있을까?

토지나 건물이 항상 유형자산으로 분류되는 건 아니다

회계에 대해서 조금만 알고 있으면 모든 자산이 '상각'되는 것이 아니라 유형자산 등 일부 자산만 상각된다는 사실을 알 수 있다. 그렇다면 상각대상이 되는 자산은 어떻게 정의되는 것일까?

일반적으로 회사에서 소유하고 있는 토지, 건물, 기계장치 및 비품 등은 유형자산으로 분류된다. 그렇다고 해서 모든 회사가 토지 및 건물 등을 전부 유형자산으로 분류하지는 않는다. 부동산 매매업자가 소유하고 있거나 아파트 분양업자가 소유하고 있는 토지 및 건물은 '유형자산'이 아니라 '재고자산'으로 분류될 수 있다. 또한 제조회사 등이 임대목적 또는 시세차익 목적으로 보유하고 있는 토지 및 건물은 '투자부동산'으로 분류된다.

자산의 분류 기준은 사용 목적에 따라

자산의 분류 기준은 그 자산의 사용 목적에 따라 분류될 뿐이지 자산의 종류와는 관련이 없다. 즉 자산을 영업활동 목적으로 팔기 위해 보유하는 경우에는 '재고자산'으로, 투자목적으로 보유하는 경우에는 '투자자산'으로 분류한다. 이에 반해 기업의 수익창출활동을 지원하기 위해 사용할 목적으로 장기간 보유하고 있는 실체가 있는 자산은 유형자산[15]으로 분류한다.

만약 유형자산의 보유기간이 1년 이내라면 어떨까? 1년 이내에 소비되는 자산이라면 구태여 유형자산으로 인식한 후에 감가상각비[16]를 인식하는 번거로움을 감수할 필요가 없이 당기 비용으로 인식하면 그만이다. 즉 유형자산으로 분류되는 중요한 조건은 ① 수익창출활동을 지원해야 하며 ② 장기간 보유하고 있고 ③ 실체가 있어야 한다. 이러한 경우에 한해 유형자산으로 인식할 수 있다.

유형자산은 얼마로 기록해야 할까?

그렇다면 유형자산의 가치는 어떻게 인식되는 것일까? 일반적으로 유형자산의 가치는 취득 당시의 취득원가를 그대로 준용한다. 이를 '역사적 원가'라고 하는데, 유형자산의 사용 목적은 투자나 시세차익이 아니기 때문이다.

하지만 역사적 원가는 정보 이용자들에게 많은 비판을 받기도 한다. 자산의 공정가치를 제대로 반영하지 못하기 때문이다. 10년 전에 100만 원에 취득한 토지가 현재도 100만 원이라고 이야기하기에는 조금 그렇지 않을까?

재무회계에서는 이러한 단점을 보완하기 위해서 유형자산을 취득한 이후에 공정가치를 신뢰성 있게 측정할 수만 있다면 유형자산을

---

15 이에 반해 기업의 수익창출활동을 지원하기 위해 사용할 목적으로 보유하고 있으나 실체가 없는 자산은 무형자산으로 분류된다.

16 유형자산은 취득 시점에는 자산으로 인식하나 그 사용기간 동안 매년 비용으로 인식하는데, 이를 '감가상각'이라고 한다.

재평가해 재무상태표에 표시하는 방법도 허용하고 있다. 즉 K-IFRS에서는 유형자산의 가치를 측정하는 방법으로 '원가모형'이나 '재평가모형' 중 하나의 회계정책을 선택해 적용하도록 하고 있다.

다만 한번 선택했다면 일관성 있게 계속 평가된 자산가액을 공시해야 한다. 따라서 실무상에서는 '재평가모형'을 선택하면 매년 공정가치를 재측정해야 하는 어려움이 존재하기 때문에 대부분 유형자산에 대해서는 '원가모형'을 채택하고 있는 게 현실이다.

영원한 실무상 난제: 자본적 지출 vs. 수익적 지출

회계사로서 업무를 하면서 자주 받는 질문이면서 질문을 했던 사람들에게 만족스러운 답변을 주지 못하는 주제 중 하나가 바로 '자본적 지출'과 '수익적 지출'이다. 무척 쉬운 질문이라고 생각하겠지만, 회계사 입장에서는 조금은 난해한 질문일 수 있다.

재무회계에서는 자본적 지출 및 수익적 지출에 따른 분류에 대한 명확한 지침이 없기 때문이다. 따라서 동일한 인테리어 설치 공사라고 할지라도 지출의 성격, 향후 사용 용도 등에 따라 자본적 지출이 될 수도 있고, 수익적 지출이 될 수도 있다.

개념적으로 자본적 지출이라고 하면 '유형자산을 취득한 후 그 자산과 관련해 발생된 지출로 그 지출의 효과가 당기에 그치지 않고 차기 이후까지 계속적으로 발생하는 경우[17]'를 의미하며, 해당 지출을 통해 생산능력의 증대, 내용연수의 연장 또는 상당한 원가절감을 가져오거나 품질이 향상되는 경우를 그 예로 들 수 있다.

수익적 지출이라고 하면 '고정자산을 취득한 후 그 자산과 관련해 발생된 지출로서 당해 고정자산의 원상을 회복하거나 능률유지를 위한 지출[18]'을 의미한다.

여기까지가 재무회계에서 정의할 수 있는 자본적 지출과 수익적 지출의 분류 기준이다. 문제는 해당 설명을 통해서는 실무상으로 자본적 지출 및 수익적 지출을 분류할 수 있는 충분한 판단 기준이 되지 못한다는 데 있다. 따라서 실무상에서는 해당 개념을 이해하고 세법에서 규정하고 있는 방식에 따라 자본적 지출과 수익적 지출을 분류하는 게 일반적이다. 아래 표는 법인세법에서 제시하고 있는 자본적 지출 및 수익적 지출의 예시이다.

▼ 자본적 지출 및 수익적 지출과 관련된 수선비 분류 예시

	자본적 지출	수익적 지출
기 준	감가상각자산의 내용연수를 연장시키거나 해당 자산의 가치를 현실적으로 증가시키기 위해 지출한 수선비	감가상각자산의 원상을 회복시키거나 능률유지를 위해 지출한 수선비
예 시	1. 본래의 용도를 변경하기 위한 개조 2. 엘리베이터 또는 냉·난방장치의 설치 3. 빌딩 등의 피난시설 등의 설치 4. 재해 등으로 인해 건물·기계·설비 등이 멸실 또는 훼손되어 해당 자산의 본래 용도로의 이용가치가 없는 것의 복구 5. 기타 개량·확장·증설 등 제1호로부터 제4호까지와 유사한 성질의 것	1. 건물 또는 벽의 도장 2. 파손된 유리나 기와의 대체 3. 기계의 소모된 부속품 또는 벨트의 대체 4. 자동차 타이어의 대체 5. 재해를 입은 자산에 대한 외장의 복구·도장 및 유리의 삽입 6. 기타 조업 가능한 상태의 유지 등 제1호로부터 제5호까지와 유사한 성질의 것

17, 18 여기서 자본적 지출과 수익적 지출은 〈영화조세통람〉의 정의를 차용했다.

건설중인 자산의
회계처리

　유형자산의 세부항목을 보면 조금은 어려운 개념이 '건설중인 자산'이다. '건설중인 자산'이란 기업이 유형자산을 사용할 목적으로 자가 제조하는 경우에 해당 유형자산이 완성되어 수익창출활동에 투입될 때까지, 즉 자가제조가 완료될 때까지 발생된 비용을 기록하는 계정이다.

　또한 '건설중인 자산'의 제조가 완료된 후에는 사용 시점에 건물, 기계장치 등의 본계정으로 대체된다. 그리고 '건설중인 자산'은 감가상각을 하지 않고 있다가 사용 시점에 본계정인 건물, 기계장치 등으로 대체된 후에 감가상각비를 인식한다.

　즉 사례의 태윤이가 카페 건물을 신축하는 경우에 발생하는 비용은 '건설중인 자산'으로 기록하다가 건물이 완공된 후에는 '건설중인 자산'을 '건물'로 대체한다. 또한 '건설중인 자산'일 경우에는 감가상각을 인식하지 않다가, '건물'로 대체된 시점 이후에 감가상각을 계산하면 된다.

눈에 보이지 않는다고
자산이 아니라니요?

무형자산과 연구개발비

무형자산은 그 특성상 눈에 보이지 않기 때문에 회계에서 자산으로 인정받기 위해서는 엄격한 3가지 조건을 만족해야 한다.

태윤이는 요즘 신이 났다. 카페에서 커피와 구색을 맞추기 위해 빵을 판매하기 시작했는데, 요즘은 빵맛이 좋다고 소문이 나서 손님들이 부쩍 늘었기 때문이다. 그도 그럴 것이 태윤이가 제빵사와 이런저런 실험을 하면서 자신만의 레시피를 완성하기 위해 엄청나게 노력했었다.

손님들도 이러한 노력을 아는지 태윤이네 카페에서만 맛볼 수 있는 빵이라며 극찬을 하곤 한다. 얼마 전에는 대기업에서 태윤이네 레시피를 사겠다고 나서는 곳도 있어서 어깨가 으쓱하기도 했다.

그러다 문득 태윤이는 자신이 가지고 있는 '제빵 기술'이 얼마나 가치가 있는지 궁금해서 아는 회계사에게 물어보았다. 그러나 회계사로부터 "아쉽지만 재무제표상에서는 어떠한 가치, 즉 자산으로 인식할 수 없다"는 이해하기 어려운 답변을 받았다.

분명 대기업에서조차 태윤이네 '제빵 기술'의 가치를 인정해서 거액의 돈을 제안하기까지 했는데, 왜 회계에서는 가치를 인정할 수 없는지 알 수가 없었다. 혹시 회계사가 잘못 이해하고 있는 건 아닌지 의심이 되어 다른 회계사에게 물어봐도 대답은 마찬가지였다.

도대체 대기업에서도 인정하는 태윤이네의 '제빵 기술'을 왜 회계에서는 인정할 수 없다고 하는 걸까?

무형자산의 인식은 신중하게

회계에서 다양한 이슈가 존재하지만, 무형자산만큼 골치 아픈 주제도 없다. 기본 개념은 유형자산과 유사하지만, 무형자산은 그 특성상 눈에 보이지 않기 때문에 다양한 이해관계자를 만족시켜야 하는 회계에서는 무형의 가치를 '자산'이라고 주장하기가 만만치가 않기 때문이다.

태윤이가 보유하고 있는 '제빵 기술' 또한 무형자산과 유사한 성격인데, '무형'이라는 단어의 의미 그대로 무형자산은 눈에 보이지 않아서 사람들은 쉽게 믿으려 하지 않는다. 따라서 회계기준에서는 다음과 같은 요건을 모두 만족하는 경우에만 무형자산으로 인정하고 있다.

회계에서 자산으로 인정받기 위한 첫 번째 조건은 '식별 가능'해야 한다는 것이다. '식별 가능'해야 한다는 것은 해당 자산을 다른

물리적 실체가 없지만
① 식별 가능하고, ② 기업이 통제하고 있으며, ③ 미래경제적 효익이 있는 비화폐성 자산

자산, 즉 태윤이와 분리해서 가치를 계산하고 판매할 수 있어야 한다는 의미이다. 이를 회계적인 용어로는 측정 및 인수할 수 있고, 양수 및 양도가 가능하거나 자산이 계약상 권리 또는 기타 법적 권리로부터 발생할 수 있어야 한다는 뜻이다. 사례에서 태윤이가 만들어낸 '레시피'가 그 자체적으로 분리해 거래될 수 있다고 본다면 '식별 가능' 조건을 어느 정도는 충족한다고 할 수 있다.

자산으로 인식하기 위한 두 번째 조건은 '자원에 대한 통제 가능성'이다. '기업이 그 자원에 대해 제3자의 접근을 제한할 수 있는 법적 권리를 보유하고 있느냐'인데, 사례에서 태윤이가 '제빵 기술'을 만들었다는 사실만으로는 누군가가 모방했다고 해서 이를 제재하기는 어려운 상황이다. 다만 가능하다면 특허 등을 통해 해당 '제빵 기술'의 독창성을 등록하는 방법을 검토할 수도 있는데, '제빵 기술'의 특성상 특허 등록이 쉬운 것은 아니다.

자산으로 인식하기 위한 마지막 조건은 '미래경제적 효익의 존재 여부'인데, 해당 자산을 이용해서 수익을 창출하거나 비용을 절감함으로써 얻을 수 있는 미래 현금유입이 증가하거나 미래 현금유출이 감소할 수 있어야 한다. 사례에서 태윤이는 '제빵 기술'을 통해 수익을 창출하고 있기 때문에 마지막 조건은 만족한다고 볼 수 있다.

결론적으로 태윤이의 '제빵 기술'은 자산의 3가지 조건 중에서

'자원에 대한 통제 가능성'인 두 번째 조건을 만족하기 못하기 때문에 아쉽지만 회계 관점에서는 무형자산으로 인정받기는 어렵다.

최근에 말썽 많은 연구개발비 이슈

무형자산에는 연구개발비도 포함되는데, 최근 회계 업계에서는 제약 및 바이오 기업에 대한 연구개발비 회계처리가 화두되고 있다. 동일 유형의 연구개발비를 무형자산으로 인식하는 회사는 판매관리비[19]가 줄어들어, 동일 유형의 연구개발비를 판매관리비로 인식하는 회사보다 영업이익이 좋게 표현되곤 하기 때문이다.

또한 회사는 자산으로 인식한 연구개발비의 결과물이 의도대로 수익으로 연결되지 않는다고 판단될 경우에는 바로 '손상차손'이라는 개념으로 비용으로 인식되는데, 해당 비용은 '영업외비용'이므로 영업이익에는 영향을 미치지 않는다. 이러한 경우에는 그동안 발생한 비용을 자산으로 지속적으로 인식하다가 일시에 비용으로 인식하기 때문에, 그것도 영업외비용으로 인식하기 때문에 해당 회사의 당기순이익의 급격한 변화 또는 당기순손실이 발생할 수 있어 해당 정보를 이용하는 외부 이용자에게 왜곡된 정보를 줄 수 있다.

또 다른 문제는 국내법인의 연구개발비를 자산으로 인식하는 기준이 글로벌 제약 및 바이오 법인의 트렌드와는 다르다[20]는 데 있다.

---

19 일반적으로 연구개발비가 비용으로 처리될 경우에는 판관비로 분류된다.

국내 바이오 업체 일부에서는 임상에도 들어가기 전부터 연구개발비를 자산화하는 경우가 있는 반면, 글로벌 제약 및 바이오 법인의 경우에는 연구개발비를 신약 개발이 사업화되는 판매승인시점 이후에야 자산으로 분류하고 있기 때문이다.

미래 수익을 가져올 수 있는 경우만 자산으로 인식하자

그렇다면 연구비와 개발비는 어떻게 분류될 수 있을까? 기업에서는 수익을 창출하기 위해 많은 연구 및 개발 활동이 일어나고, 이러한 연구 및 개발활동에는 비용이 수반되기 마련이다. 회계에서는 수익 창출이 구체화되기 어려운 연구비는 비용으로 인식하고, 수익 창출에 기여할 수 있을 것이라고 판단되는 개발비는 자산으로 인식하는 것이 일반적이다.

연구비란 새로운 과학적 또는 기술적 지식이나 이해를 얻기 위해 수행하는 독창적이고 계획적인 탐구활동이라고 정의할 수 있는데, 단순한 연구활동을 통해서는 미래 경제적 효익을 창출할 무형자산이 존재한다는 것을 입증하기 어렵다. 따라서 연구비는 대부분 발생한 기간의 비용으로 인식한다.

이에 반해 개발이란 상업적인 생산이나 사용 전에 연구결과나 관

---

20 이에 따라 금융감독원에서는 2018년 말 현재 '연구개발비의 자산화 요건'을 조금 더 명확하게 하겠다는 의지를 표명하고 있다.

런 지식을 새롭거나 현저히 개량된 재료, 장치, 제품, 공정, 시스템이나 용역의 생산을 위한 계획이나 설계에 적용하는 활동이라고 정의된다. 개발 단계는 연구 단계보다 훨씬 더 진전되어 있는 상태이기 때문에 개발비는 미래 경제적 효익을 창출할 무형자산을 입증하기에 용이하다. 따라서 개발비는 일반적으로 무형자산으로 인식할 수 있다.

다만 문제는 해당 정의만으로 연구 및 개발비에 대한 분류를 회사의 판단으로 맡겨둘 경우에 자의성이 많이 개입되어 연구 및 개발비에 대한 법인의 기간별 비교 가능성 또는 법인간 비교 가능성이 저해될 수 있다는 데 있다. 따라서 회계기준 제정기구들은 연구개발비 지출과 관련된 회계처리에 대해서 많은 고민을 하고 있으며, K-IFRS의 경우에도 다음과 같은 6가지 조건이 충족되는 경우에만 개발비로 인정[21]하고 있다.

▼ 개발비의 무형자산 인식요건(K-IFRS 1038 문단 57)

① 무형자산을 완성할 수 있는 기술적 실현 가능성
② 무형자산을 완성해 사용하거나 판매하려는 기업의 의도
③ 무형자산을 사용하거나 판매할 수 있는 기업의 능력
④ 무형자산이 미래 경제적 효익을 창출하는 방법
⑤ 개발을 완료하고 판매 사용하는 데 필요한 기술적·재정적 자원 등의 입수 가능성
⑥ 개발과정에서 발생한 관련 지출을 신뢰성 있게 측정할 수 있는 기업의 능력

---

21 여전히 연구개발비에 대한 지침이 모호하다는 의견에 따라 2018년 9월 19일에 금융위원회와 금융감독원은 '제약·바이오 기업의 연구개발비 회계처리 관련 감독 지침'을 제시한 바 있는데, 해당 기준은 연구개발비의 처리 및 주요 재무정보를 보다 상세하게 표현하도록 규정하고 있다.

다만 이러한 6가지 요건을 충족하더라도 회사마다 미래에 대한 예측과 가정이 다르므로 동일한 지출임에도 회사별로 회계처리는 여전히 다를 수 있다.

무형자산의 종류

무형자산은 업종 또는 회사의 특성상 그 종류에는 제한이 없지만, 일반적으로 회계에서 인식되는 무형자산의 종류는 아래와 같다.

▼ 무형자산의 종류

산업 재산권	회사가 법적으로 일정기간 그 사용을 보장받은 권리
개발비	새로운 제품이나 기술의 개발 등을 위해서 지출한 금액으로 무형자산 요건에 충족하는 경우
라이선스	계약에 의해 다른 기업의 기술이나 제품을 독점적으로 사용할 수 있는 권리
프랜차이즈	특정 지역에서 특정한 상호나 상표를 이용해서 제품을 제조하거나 판매할 수 있는 권리

'제빵 기술'을 무형자산으로
인정받는 방법

어렵기는 하겠지만, '특허권 등록'을 통해 태윤이의 '제빵 기술'을 무형 자산으로 인정받을 수 있다. 또한 태윤이의 카페를 누군가가 인수할 때, 태윤이가 보유한 '제빵 기술'도 시장 가격으로 평가받을 수 있는 기회가 생길 수 있다. 즉 누군가가 태윤이의 카페를 인수할 때 제빵 기계, 가게 인테리어 등의 가치를 개별적으로 평가한 결과가 1억 원이라고 한다면, 문제는 해당 평가 가격만으로는 태윤이의 카페를 인수할 수 있는 충분한 인수 가격이 될 수 없다는 데 있다. 태윤이의 '제빵 기술' 노하우, 단골 고객 등의 가치가 포함되어 있지 않기 때문이다.

따라서 이러한 무형의 가치를 포함해 태윤이가 소유한 카페를 1억 5천 만 원에 인수하게 된다면, 이때 순장부가액인 1억 원을 초과한 5천만 원의 가격을 무형의 자산, 즉 '영업권'이라고 한다. 회계에서 M&A 등을 통해 '영업권'이 발생하는 이유가 바로 순장부가액을 초과해 지불하는 대가의 차액이 발생하기 때문이다. 아쉽게도 내부에서 창출된 영업권, 즉 태윤이가 보유한 '제빵 기술'은 바로바로 그때 회계에서 표현되지 않고, M&A 등이 발생했을 때 비로소 그 가치를 인정받을 수 있다.

납부해야 할 세금이
비용이 아니라니요?

법인세 비용 및 미지급법인세 vs. 이연법인세

회사가 납부해야 할 법인세 금액은 법인세비용이 아니라 미지급법인세로 기록된다. 그리고 미지급법인세는 세법상 기준으로 계산된다.

태윤이는 사업이 어느 정도 정상궤도에 오르자 개인사업자에서 법인사업자로 전환했다. 드디어 지난 1년 동안의 경영성과를 기준으로 법인소득세를 납부해야 하는 순간이 다가왔다. 회계사의 도움을 받아 납부할 법인세를 계산하는 과정에서 태윤이는 이상한 점을 발견했다. 나름 투명한 회계를 목표로 발생한 거래를 회계기준에 맞게 기록했다고 자부했건만, 실제 국세청에 납부해야 할 법인세 금액과 손익계산서에 기록된 법인세 비용이 달랐던 것이다.

더욱더 당황스러운 건 국세청에 납부해야 할 법인세 금액은 70만 원으로, 손익계산서상 기록된 법인세 비용 40만 원보다 많다[22]는 사실이었다. 태윤이는 회계처리를 잘못해서 납부하지 않아도 될 법인세를 더 내

는 건 아닌지 가슴이 조마조마하기까지 하다. 혹시 회계사가 실수를 한
건 아닌지 물어볼까 말까 고민하며 전화기를 들었다 놨다 하기를 수십
번하고 있다.

태윤이는 정말 회계처리를 잘못한 걸까?

▼ 태윤이의 사례

단위: 만 원

2019 회계연도			
	회계기준	세법기준[23]	비고
수익	**1,000**	**1,000**	
매출	1,000	1,000	
비용	**800**	**650**	
매출원가	500	500	
인테리어 감가상각비	200 (600÷3년)	150 (600÷4년)	자산으로 인식한 인테리어 총액 600만 원은 회계상으로는 3년 동안 비용으로 인식되지만, 세법상으로는 4년 동안 비용으로 인식된다.
공과금	100	0	납부 기일이 도래하지 않은 공과금 100만 원이 발생했으며, 세법상 2020년도에 비용으로 인정된다.
회계이익	**200**	**350**	
법인세비용	**40** (200 X 20%)	**70** (350 X 20%)	여기에서는 현재와 미래의 세율을 단일세율 20%로 가정한다.

---

22 기업 실무에서는 국세청에 납부할 법인세가 손익계산서상 법인세비용보다 큰 경우뿐만 아
   니라 적은 경우도 발생한다.
23 세법에서는 수익을 '익금'으로 비용을 '손금'으로 명명하고 있으며, 회계이익은 '과세소득'
   이라고 명칭하고 있다. 또한 재무회계와 달리 매출, 매출원가 등의 손익계산서 계정을 별
   도로 관리하지 않는다.

세금은 세법상 기준으로 납부해야 한다

태윤이처럼 회계 지식이 어느 정도 있는 경우에도 세법만 만나게 되면 골치를 썩게 된다. 재무회계에서 수익과 비용을 인식하는 기준과 세법상 기준에 차이가 있기 때문이다.

따라서 재무회계 기준에 따라 아무리 회계처리를 잘했다고 하더라도 세무신고를 할 때에는 세법상 기준에 따라 회계와 세법의 차이를 조정하는 '세무조정'을 별도로 해야 한다. 세무조정을 하고 나면 실제 국세청에 납부할 법인세인 '미지급법인세'가 확정되는데, 회계상 비용으로 인식해야 할 '법인세비용'과 일치하는 경우는 거의 없다.

왜 이런 차이가 발생하는 걸까?

재무회계는 기본적으로 '발생주의'에 따라 거래를 기록하도록 규정하고 있는 반면, 기업이 납부해야 할 법인세는 '권리의무확정주의'에 따라 기록된 거래를 기준으로 계산된다. 세법에서 '권리의무확정주의[24]'를 채택하는 이유는 과세에 대한 다툼을 최소화해 누구나가 인정할 수 있도록 명확한 권리와 의무가 확정된 시점에 수익과 비용을 인식하자는 데 있다.

---

24 '권리의무확정주의'의 정확한 의미는 '각 사업연도나 과세기간의 소득을 그 사업연도 등의 기간 동안에서 수취할 권리가 확정된 수익과, 그 기간에서 지급해야 할 의무가 확정된 비용을 비교함으로써 수익과 비용을 인식한다는 기준'이라고 정의된다.

즉 세법상 납부해야 할 미지급법인세는 직접적인 현금의 유출과 이어지기 때문에 사업자[25]에게는 무척이나 민감하므로 명확한 기준을 제시하려는 의도라고 볼 수 있다.

예를 들어 2019년 12월에 발생한 공과금의 고지서를 2020년 1월에 받은 경우, 재무회계에서는 고지서를 받은 월과 상관없이 발생주의에 따라 2019년 12월의 비용[26]으로 인식하지만, 권리의무확정주의에 따르면 고지서를 받은 월인 2020년 1월에 지급의무가 확정되는 것으로 인식할 수 있다. 즉 2020년도의 비용으로 인식할 수 있다.

또한 세법에서는 세수 확보 및 납세자의 형평성 등을 고려한 다양한 정책성 규정이 별도로 존재하며, 이에 따라 재무회계 기준과 차이를 보이는 경우가 발생하게 된다. 감가상각의 경우 재무회계에서는 합리적인 추정을 따르기만 하면 회사가 어떠한 감가상각방법과 내용연수를 사용하더라도 그대로 인정하지만, 세법에서는 자산유형별로 감가상각방법과 내용연수를 명확하게 제한하고 있다.

따라서 카페 인테리어에 대해 태윤이는 재무회계 관점에서 평균적인 리뉴얼(Renewal) 기간에 맞추어 3년 동안 감가상각비를 인식하고 있지만, 세법에서는 4~6년[27] 내에서 감가상각비를 인식하도록 규정하고 있다. 또한 재무회계에서는 대부분의 현금 유출을 비용으로 인식하지만, 세법에서는 업무무관경비를 손금으로 인정하고 있지

---

25 세법용어로는 이를 '납세의무자'라고 한다.
26 세법용어로는 이를 '미확정채무'라고 한다.
27 인테리어는 세법상 일반적으로 '기구 및 비품'으로 분류된다.

않거나 접대비 등에 대해서는 건당 5만 원 한도 내에서 손금을 인정하는 등 비용에 제한을 두고 있다.

세법상 법인세와 회계상 법인세를 조정하는 방법

대부분의 경우 재무회계의 손익과 세법상 손익의 차이는 수익과 비용을 인식하는 시점이 어긋나기 때문에 발생하는데, 이를 '일시적 차이[28]'라고 한다. 이러한 차이는 대부분 시간이 지나면 해결되는데, 재무회계에서는 이러한 차이를 법인세비용에 반영하도록 규정하고 있다.

앞의 예에서 세법상 2019년에 비용으로 인식하지 않은 공과금은 2020년도에 비용으로 인식된다. 그 결과에 따라 태윤이는 2019년도에는 20만 원(100만 원×20%)을 미지급법인세로 국세청에 더 납부하지만, 2020년도에는 20만 원(100만 원×20%[29])을 덜 납부할 수 있다.

즉 재무회계상 법인세비용에는 이러한 효과가 반영되어야 하는데, 해당 거래를 회계처리 관점에서 본다면 세법상 당해 납부해야할 금액은 '미지급법인세'라는 계정과목으로 부채로 기재하고, 일시적 차이에 따른 미래 법인세 효과는 '이연법인세자산 또는 부채'라

---

28 이외에 재무회계와 세법상 수익과 비용의 인정범위에 차이가 발생하는 경우도 존재하는데, 이를 '영구적 차이'라고 한다. 다만 논의의 편의성을 위해서 여기서는 해당 내용에 대한 언급을 자제했다.

29 해당 법인세율은 미래세율로 손금으로 인정되는 2018연도의 법인세율이 적용되어야 한다. 사례에서는 논의의 편의상 세율의 변화는 없다고 가정했다.

는 계정과목으로 자산 또는 부채로 기재한다.

　마지막으로 이러한 효과를 당기 손익에 반영해 손익계산서상 '법인세비용'으로 인식한다. 이를 회계처리로 표현하면 다음과 같다.

'사례 1'의 2021년도의 법인세 회계처리

| 차) 이연법인세자산 | 30 | 대) 미지급법인세 | 70 |
| 법인세 비용 | 40 | | |

　'법인세 회계'가 어려운 이유는 회계적인 지식뿐만 아니라 세법에 대한 지식도 필요하기 때문이다. 하지만 실무상 손익계산서상의 법인세비용이 국세청에 납부해야 할 미지급법인세와 다른 이유가 회계와 세법상 수익과 비용을 인식하는 기준이 다르기 때문이라는 사실만 잘 이해한다면 차이 발생 원인에 대한 이해가 어느 정도 가능할 것이다.

'이연법인세자산'을
둘러싼 논쟁

'이연법인세자산'은 미래 납부할 법인세 금액의 감소액만큼을 의미하며, 이연법인세부채는 미래 납부할 법인세 금액이 증가한다는 것을 의미한다. 다만 회사가 다음연도에 이익이 발생해 세금을 납부할 수 있다는 전제가 있어야 이연법인세자산을 인식할 수 있다. 즉 다음연도에 손실이 예상된다면 어차피 낼 세금이 없기 때문에 미래 납부할 법인세가 감소할 수 없기 때문이다.

따라서 재무회계에서는 내년도 이후의 회사 실적이 적자가 예상될 경우에는 이연법인세자산을 인식하지 않도록 규정하고 있다. 다만 예측에 따른 결과이기 때문에 실무상 이연법인세자산을 인식해야 하는가를 놓고 논쟁을 벌이는 경우가 종종 발생한다.

그게 그거 아닌가요?
헷갈리기 쉬운 계정과목들

이름은 비슷하지만 다른 계정과목들

한 글자 차이지만 다른, 미수금 vs. 미수수익

실무에서 회계처리를 하다 보면 어떤 계정과목을 사용할지 고민인 경우도 존재한다. 그 대표적인 예가 바로 미수수익과 미수금인데, 언뜻 보면 비슷해 보이는 이름이라 사람마다 혼용해서 사용하는 경우도 존재한다.

하지만 미수수익과 미수금은 그 성격이 다르다. 미수수익이란 발생주의에 따라 수익이 발생해 자산으로 인식할 수는 있으나 그 대가를 받을 권리가 아직 확정되지 않은 상태인 경우에 사용하는 계정이다. 이에 반해 미수금이란 대가를 받을 권리가 확정된 기타채권을 의미한다.

쉬운 예로 이자수익을 들 수 있는데, 은행에 돈을 예치하면 정기적으로 이자를 받게 된다. 하지만 이자는 일반적인 결산일인 매월 말에 지급되지 않는 경우가 일반적이다. 따라서 은행에서 받기로 한 이자는 은행에서 통장에 찍힐 때 또는 이자를 받기로 한 날에 확정된다.

그렇다고 은행에서 이자를 확정해줄 때까지 손놓고 있을 발생주의가 아니다. 돈을 예치한 기간 동안 얼마의 이자를 받을 수 있을지 충분히 예측 가능하므로 은행에서 확정하기 전에도 기업 스스로도 받을 이자를 매월 말 결산일에 계산이 가능하다.

이렇듯 은행에서 확정을 하지 않더라도 확실히 받을 금액의 예측이 가능한 경우에는 미수수익으로 인식하다가 은행에서 이자를 주기로 확정했으나 아직 받지 못한 경우에 미수금을 인식한다.

선급금 vs. 선급비용

이름이 유사하지만 사용방법이 다른 계정과목으로 선급금과 선급비용도 존재한다. 미래에 재화나 용역을 제공받기로 했으나 신용 등의 문제로 돈을 미리 지급한 경우에는 '선급금'이라는 자산으로 인식한다. 발생주의에 따르면 아직 재화나 용역을 제공받지 않았으므로 추후 계약이 파기되거나 하는 경우에는 되돌려 받을 수 있는 돈이기 때문이다.

또한 추후 재화나 용역을 제공받을 때 대가를 지급할 의무가 발생하는데, 이때 선급금을 공제하고 매입채무나 미지급금을 인식하게 된다. 태윤이가 100만 원의 커피머신을 주문 제작한 경우에 업체에게 미리 20만 원을 지불했다면 커피머신을 받기 전까지 20만 원을 선급금으로 기록하고, 추후에 커피머신을 인도받은 경우에 태윤이는 선급금 20만 원을 제외한 80만 원만 미지급금으로 기록하면 된다.

그에 반해 선급비용이란 일정기간 동안 발생할 비용을 전제로 미리 대가를 지급한 경우에 사용한다. 발생주의에 따르면 선급비용은 아직 비용으로 기록할 때가 되지 않아서 임시로 지급한 대가를 기록해두는 자산계정이다. 쉽게 이야기해서 3년치의 보험료 30만 원을 선지급한 경우에는 우선 30만 원을 선급비용이라는 자산 계정으로 기록하고, 매년 10만 원의 보험료를 비용으로 기록하는 경우가 이에 해당한다.

이와 유사한 계정으로 선수금과 선수수익을 들 수 있다. 선수금이란 거래처로부터 상품이나 서비스를 제공할 것에 대한 대가를 미리 수령했을 때 발생하는 부채 계정인데, 백화점이 백화점 상품권을 발생한 경우가 이에 해당된다.

또한 선수수익이란 대가를 미리 받았으나 수익을 나중에 인식해야 하는 상황일 때 사용하는 부채계정이다. 예를 들어 헬스클럽이나 학원에서 회원에게 3년치 회원권이나 수강료를 미리 받은 경우에는 돈을 받은 시점에 이를 전액 수익으로 인식할 수 없으며, 3년이라는 계약기간 동안에 매년 서비스를 제공한 수준에 맞추어 수익으로 인식할 수 있다.

계정과목의 쌍방관계

계정과목을 사용하다 보면 거래 당사자와 상대방이 각각 자산, 부채 또는 수익, 비용을 인식해야 하는 경우가 대부분이라는 사실을 알 수 있다. 예를 들어 태윤이가 매출채권을 인식하게 된다면 상대방은 매입채무를 인식해야 하는 경우가 대부분이라는 의미이다.

이렇듯 계정과목은 쌍방관계가 형성되는 경우가 대부분이다. 아래 예시를 이해한다면 조금은 회계에 더 친숙해질 것 같다.

▼ 계정과목의 쌍방관계

자산		부채
매출채권	↔	매입채무
미수금	↔	미지급금
미수수익	↔	미지급비용
선급금	↔	선수금
선급비용	↔	선수수익

'부채'라는 의미도 '빌린 돈'이라고 이야기하면 큰 틀에서는 통할 수 있다. 다만 재무회계에서는 다양한 이해관계자를 만족시켜야 하기 때문에 보수적인 관점에서 '부채'의 개념을 조금 더 확대해 관리하고 있다. 또한 '자산'에서 '부채'를 차감한 수치를 '순자산'이라고도 하고 '자본'이라고도 하는데, 실제 자본이라는 개념은 조금 복잡한 것도 사실이다. 하지만 회계초보자라도 '자본'이라는 기본 개념은 이해할 필요가 있다. '자본'이야말로 회사 또는 개인사업자의 순수한 자기재산으로 볼 수 있기 때문이다.

5장

부채와 자본

우리가 갚아야 할 채무는 무엇이 있을까?

부채의 종류

부채와 자본은 자금조달이라는 관점에서는 유사한 개념이지만, 부채는 미래에 지급할 의무가 있다는 점에서 미래에 지급할 의무가 없는 자본과는 차이가 있다.

태윤이의 십년지기 친구가 갑자기 상담할 일이 있다면서 태윤이가 운영하는 카페로 찾아왔다. 대기업에서 나름 자리를 잡은 친구여서 무슨 문제가 있나 싶어 만났는데, 태윤이의 친구도 요즈음 창업에 대한 고민이 많다고 했다. 그리고 그 중에서도 가장 큰 고민은 창업자금을 마련하는 것이라고 한다.

친구는 자신의 창업 아이템이 좋아서인지 여러 명의 투자자가 나섰다고 은근히 자랑하면서, 투자자들의 지원을 받아 창업을 하는 게 좋을지, 아니면 힘들더라도 혼자서 은행에 차입을 해서 창업을 할지 고민이라고 한다. 카페를 창업할 때 그리 큰 고민 없이 시작한 태윤이는 친구의 문제에 더 심각해졌다. 뭔가 조언을 하고 싶지만, 솔직히 태윤이도 어떤 방법이 좋을지 딱히 생각이 떠오르지 않는다.

회계에서는 이런 경우 투자를 받는 것과 차입하는 것 중에서 어떤 방법이 좋다고 조언을 할 수 있을까?

투자를 받을 것인가, 차입을 할 것인가?

일반적으로 사업을 운영하기 위해서는 충분한 자금 확보가 중요하다. 특히나 창업 초기에는 수익이 거의 발생하지 않거나 조금만 발생하고, 초기 투자비용은 많이 발생하기 때문에 자금 확보가 그만큼 더 중요하다. 이런 경우에는 외부로부터 자금을 조달하는 방법으로 투자자를 모집하거나 금융기관 등으로부터 돈을 빌리는 방법이 있다.

투자자에게 주식을 배부하고 자금을 마련하는 경우에는 회사에서 이익이 발생하지 않으면 별도의 지급 의무가 발생하지 않는다. 투자를 통해 자금을 마련하는 경우에는 회사가 벌어들인 이익에 비례해 '배당'이라는 이름으로 투자자인 주주에게 투자에 따른 이익을 배부하면 되기 때문이다. 이에 반해 차입을 통해 자금을 조달한 경우에는 미래에 반드시 해당 차입금을 상환하고, 정기적으로 이자비용을 지급해야 한다.

따라서 향후 사업이 충분히 성공할 가능성이 있다고 한다면 굳이 투자자를 주주로 유치하기보다는 차입금을 통해 창업 자금을 마련하는 것이 더 나은 방법일 수 있다. 차입을 한 경우에는 추후 이익이 얼마나 발생했는지 관계없이 만기일에 차입한 금액과 이자비용만 지불하면 되기 때문이다.

반면에 투자자를 주주로 유치한 경우에는 이익에 비례해 투자자에게 주식수를 기준으로 배당을 지급해야 한다. 즉 사업의 이익이 늘어날수록 차입을 한 경우가 투자를 받은 경우보다 소유자에게 귀속되는 이익의 규모가 더 커지게 되는데, 이를 '재무레버리지 효과(financial leverage)[1]'라고 한다.

하지만 사업이라는 것이 100% 성공 확신이 없으므로 사업을 하다가 실패한 경우에는 차입금에 대해서는 상환의 의무가 존재하지만 투자 유치를 받은 경우에는 이러한 상환 의무가 없다는 장점이 있다. 여기서 투자자를 모집해 주식을 발행한 경우에는 '자본'으로 분류하고, 금융기관 등으로부터 '차입'을 한 경우에는 '부채'라고 분류한다.

더욱더 포괄적인 부채의 정의

부채는 쉽게 이야기하면 회사나 사업자가 갚아야 할 빚이다. 창업 초기뿐만 아니라 회사를 운영하게 되면 운영자금이 필요해서 자

---

1 '재무레버리지 효과'란 재무관리 영역에서 주로 다루는 주제로 기업에 타인자본, 즉 부채를 보유함으로써 금융비용을 부담하는 것을 의미한다. 즉 재무레버리지가 존재하는 경우 고정적인 금융비용의 지급으로 영업이익의 변동이 세후순이익의 변동을 확대시키게 되는데, 이를 '재무레버리지 효과'라고 한다.

재무상태표		
자산	**부채**	
유동부채 + 비유동부채	매입채무 차입금, 사채 미지급금, 미지급비용 선수금, 선수수익 예수금 미지급법인세, 이연법인세부채 충당성 부채 기타	
	자본	

금을 빌리거나 물건을 외상으로 가져다 쓰는 경우 등도 발생하는데, 이러한 경우를 모두 부채라고 이야기한다.

즉 회계에서는 부채의 개념을 조금 더 포괄적으로 정의하는데, 회계에서는 '부채란 기업의 과거거래 및 사건의 결과로 미래에 자산을 이전 또는 용역을 제공해야 하는 기업에 부과된 현재의 의무와 책임[2]'을 의미한다.

또한 회계에서는 재무상태표상에 유동부채와 비유동부채를 각각 구분해서 표기하도록 하고 있는데, 이는 유동성 배열법[3]을 따른 것이다.

---

2 자산, 부채 및 자본에 대한 정의는 이론 책이나 기준서 등에서 조금씩 다르게 정의하고 있다. 여기서 정의한 '부채'는 〈영화조세통람〉에서 제시한 정의를 참조했다.

3 회계에서는 현금화 정도나 현금화 속도를 '유동성'이라고 한다. 또한 일반적으로 현금화 속도가 1년 미만인 경우에는 '유동성이 높다'라고 표현하고, 1년 이상인 경우에는 '유동성이 낮다'라고 표현한다.

부채 유형별 주요 의미

회사가 물건을 살 때 현금을 주고 사는 경우도 발생하지만 대부분 외상으로 사온다. 일반적인 상거래에서 신용거래로 발생하는 거래를 매입채무라고 하며, 당연히 회사의 부채로 인식된다. 또한 일반적인 상거래 이외에 발생하는 신용거래는 미지급금 또는 미지급비용으로 기록한다.

계약상 지급기일의 경과로 지급해야 할 의무가 확정된 경우에는 미지급금이라고 표기하고, 비용이 발생했으나 지급기일이 경과하지 않은 경우에는 미지급비용으로 표기한다. 은행에서 차입한 이자비용이 확정되지 않은 경우 매달 미지급비용을 인식하고, 확정된 경우에 미지급금으로 대체하는 회계처리를 생각하면 된다.

예수금과 선수금은 거래와 관련해 임시적으로 보관하는 자금을 의미한다. 회사가 현금으로 보관하고 있지만, 회사의 현금이 아니라는 의미이다.

선수금은 일반적 상거래와 관련해 미리 받은 자금이며, 매출과 연계되는 계정이다. 그에 반해 예수금이란 상거래 이외에서 임시적으로 미리 받은 자금을 의미하며, 종업원으로부터 급여 지급시 공제한 근로소득세, 국민연금, 건강보험료 및 매출시 상대방으로부터 수취한 부가세 예수금 등이 이에 해당된다.

어렵게 생각하지 말자. 대부분의 예수금은 거래 시에 상대방으로부터 돈을 받았지만, 회사 또는 사업자의 돈이 아니라 다른 곳에 납부할 돈을 임시로 받은 것이라고 이해하면 쉽다.

그 이외에 특이한 부채로는 충당부채[4]를 들 수 있다. 충당부채는 미래에 돈이 유출될 것은 확실하지만, 정확하게 언제 그리고 얼마나 돈이 유출될지 모르는 항목을 재무상태표에 기록하는 계정이다. 흔히 이야기하는 퇴직급여충당부채 및 판매보증충당부채 등이 이에 해당한다.

---

4 '충당부채'는 별도의 주제로 뒤에서 다룰 예정이다.

부채의
다양한 분류 기준

부채는 재무상태표상에 유동성배열법에 따라 기록되지만, 그 이외에도 다양한 분류기준이 존재한다.

의무를 수행하는 수단이 현금이냐 아니냐에 따라 '금융부채'와 '비금융부채'로 분류할 수 있다. 매입채무, 미지급금 및 차입금 등은 현금 지급으로 의무를 수행하는데 이러한 유형은 '금융부채'라 하고, 재화나 서비스의 제공을 통해 의무를 수행하는 경우인 선수금, 선수수익 등은 '비금융부채'로 분류한다.

또한 미래에 발생할 의무가 확실하고 지급할 금액이 확정되어 있는 경우에는 '확정부채'라고 하는데 대부분의 금융부채가 이에 속한다. 이에 반해 미래 발생할 의무가 불확실하거나 지출할 시기 또는 금액이 불확실한 경우에는 '충당부채'로 분류한다.

'유동성배열법'에 따르면 '유동성장기부채'라는 특이한 계정이 존재한다. 일반적으로 부채는 그 특성상 만기가 존재하는 경우가 대부분이다. 예를 들어 3년 만기 차입금을 빌렸을 경우 2년 동안은 '장기차입금'이란 '비유동부채'로 분류되지만, 2년이 경과해 결산일 현재 만기가 1년 미만인 경우는 어떻게 표현되어야 할까? 원래는 '비유동부채'였지만 시간이 지나 만기가 도래했으므로 '유동부채'로 재분류가 필요한 경우에는 '단기차입금'이 아니라 '유동성장기부채'로 분류한다. '유동성장기부채'란 비유동부채가 만기가 도래해 1년 이내에 갚아야 할 의무가 발생하는 경우에 사용되는 계정이다.

좋은 부채 vs. 나쁜 부채

선수금과 선수수익

부채는 흔히 '빚'이라고 여겨 무조건 나쁘다고 생각할 수 있는데, 경우에 따라서는 좋은 부채도 존재한다.

대학생 시절에 IMF를 겪은 태윤이는 아직도 당시의 아픔이 생생하다. 중소기업이었지만 나름 잘나가던 건축회사를 운영하시던 아버지가 IMF 시절에 부도를 맞아 생활이 어려워졌기 때문이다. 그때 이후로 태윤이는 '빚'이라는 말만 들어도 치가 떨린다. 카페 창업이 생각보다 오래 걸린 이유도 빚을 지지 않고 시작하려는 태윤이의 의지 때문이었다. 얼마 전, 태윤이는 같은 동네에서 사업을 하는 장사장의 재무상태표를 보다가 부채가 너무 많다는 걸 알게 되었다. 재무상태표를 조금 더 자세히 들여다보니 올해 '선수금'이라는 명목으로 부채가 많이 쌓여 있었다. 이미 알고는 있겠지만 걱정이 되어 장사장에게 넌지시 부채가 많아서 걱정이 되겠다고 했더니, 이상한 눈으로 멀뚱멀뚱 태윤이를 쳐다본다.

그래서 선수금이 너무 많이 쌓인 거 아니냐고 했더니 그제서야 장사장은 "아하" 하며 웃는다. 그러더니 '선수금'은 걱정할 만한 부채가 아니라고 한다.

부채란 빚인데 걱정을 안 해도 된다니, 그럼 좋은 부채도 있다는 말인지 태윤이는 조금 의아하다. 사업 경험이 많은 장사장이 흰소리를 할 일은 없을 테니 점점 더 머리가 혼란스럽다.

과연 좋은 부채가 따로 있는 것일까?

좋은 부채도 있다

회계를 쉽게 설명하기 위해서 일반적으로 자산은 '재산'으로 비유하고, 부채는 재산을 형성하기 위한 '빚'으로 비유하곤 한다. 그런데 문제는 이렇게 단순하게 표현을 하다 보니 부채는 나쁘다는 의미로만 받아들이는 경우가 발생한다는 것이다. 그렇다면 정말 '부채'는 다 나쁜 것일까?

일반적으로 매출은 매출채권이라는 자산과도 관련이 있지만, 부채로 표기되는 '선수금'과도 관련이 있다. '선수금'은 말 그대로 미리 받은 돈을 의미하는데, 미래에 제품이나 서비스를 제공하기로 하고 상대방으로부터 돈을 미리 받은 경우에 발생한다. 따라서 '선수금'이란 상대방에게 제품을 판매하거나 서비스를 제공할 것이라는 '미래 매출'을 담보로 돈을 미리 받는다는 의미이다.

이러한 '선수금'은 미래의 매출 발생이 전제되어 있고 현재의 현금흐름을 개선시키기 때문에 '좋은 부채'라고 볼 수 있다. 그런데 왜 매출과 관련이 있는 '선수금'은 자산이 아니라 부채로 표시되는 걸까? 그 이유를 알기 위해서는 회계에서 이야기하는 부채의 정의를 다시 한번 살펴볼 필요가 있다.

미리 받은 돈인 '선수금'이 부채인 이유

'재무보고를 위한 개념체계'에 따르면 '부채는 과거 사건에 의해 발생했으며 경제적 효익을 갖는 자원이 기업으로부터 유출됨으로써 이행될 것으로 기대되는 현재 의무[5]'라고 정의하고 있다.

이러한 정의를 참조해보면 '선수금'이란 말 그대로 현금을 미리 받았지만 미래에 제품 또는 서비스를 제공할 의무가 있으므로 '부채'로 인식되어야 한다.

또한 상대방이 계약을 취소하거나 제품 또는 서비스 제공을 취소한다면 미리 받은 현금은 돌려주어야 한다. 따라서 현금을 받았다고 해서 이 현금을 바로 '자산'으로 인식하기는 어렵다. 이 현금은 기업이 현재 지고 있는 의무로서, 그 의무를 이행하기 위해서는 경제적 효과나 이익을 보유한 자원을 유출해야만 하므로 '선수금'은 부채로 인식하고 있다가 추후 제품 또는 서비스가 제공되었을 때 '수익'으로 인식할 수 있다.

---

5   자산, 부채 및 자본에 대한 정의는 이론 책이나 기준서 등에서 조금씩 다르게 정의하고 있다.

아래처럼 선수금의 회계처리를 그려보면 조금 더 이해하기 쉽다. 즉 선수금을 받았을 때는 '현금'을 '자산'으로 인식하면서 동시에 미래에 돌려줄 수도 있으므로 '선수금'을 '부채'로 인식한다. 추후 실제 제품이나 서비스를 제공하면서 '매출'을 수익으로 인식하면서 기존에 인식한 '부채'인 '선수금'을 차감하는 방식으로 회계처리가 된다.

▼ 선수금 회계처리 예시[6]

고객에게 미리 돈을 받은 시점			
현금(자산)	XXX	선수금(부채)	XXX
고객에게 제품이나 서비스를 제공한 시점			
선수금(부채)	XXX	매출(수익)	XXX

　건설업 또는 조선업 등 장기간의 제조활동이 필요한 업종에서는 선수금이 자주 발생한다. 건설업 또는 조선업 등은 그 규모가 크고 계약이 장기간이기 때문에 회사 자체의 자금만으로는 제조활동을 운영하기 어렵기 때문이다. 따라서 고객이 선수금이라는 명목으로 일부 자금을 선지급[7]하게 되는 경우가 발생하기 마련이다.

6　회계에서는 거래가 발생할 경우, 왼쪽과 오른쪽에 동시에 거래를 기록한다. 자산 및 비용의 증가는 왼쪽에 기록하고, 부채, 자본 및 수익의 증가는 오른쪽에 기록한다. 따라서 현금의 증가는 왼쪽에 기록하고, 부채인 선수금의 증가는 오른쪽으로 기록하고, 수익인 매출의 증가도 오른쪽에 기록한다.
7　'선수금'이 존재한다면, 거래 상대방은 제품이나 서비스를 받기 전에 미리 돈을 지급해야 하는데 이를 '선급금'이라는 자산으로 인식한다. 이는 '선수금'에 대응되는 개념이라고 이해하면 된다.

이 외에도 백화점에서 상품권을 발행한 경우에도 아직 제품이나 서비스를 제공하지 않았기 때문에 상품권을 판매하는 시점에는 '선수금'으로 표기한다.

따라서 향후 매출추이와 현금흐름을 정확히 분석하기 위해서는 매출채권뿐만 아니라 선수금도 동시에 검토하는 지혜가 반드시 필요하다.

선수금과
선수수익의 차이

선수금과 유사한 개념으로 선수수익도 존재한다. 어떻게 보면 비슷한 용어이기도 하지만 회계에서는 매출을 인식하는 방법의 차이를 기준으로 계정을 분류하고 있다.

기간이 경과함에 따라 수익을 인식하는 유형의 매출인 경우에는 선수수익으로 인식하게 되는데 선수이자, 선수임대료 등이 이에 해당한다. 즉 부동산 임대업자가 임대료를 미리 받은 경우 임대 기간 동안 미리 받은 현금을 안분해 수익을 인식하게 된다. 또한 학원이나 피트니스클럽 또한 기간의 경과에 따라 수익을 인식하는 경우에는 미리 받은 돈을 선수수익으로 인식할 수 있다.

그에 반해 선수금은 일정 시점에 제품이나 서비스를 제공하고 매출을 인식하는 경우로, 미리 받은 돈은 선수금으로 인식한다.

아직 얼마를 줄지도 모르는데 부채라구요?

충당부채

미래에 돈이 유출될 가능성이 높지만 언제 얼마나 돈이 들어갈지 모르는 항목은 추정을 통해 그 금액을 기록하게 되어 있는데, 이를 '충당부채'라고 한다.

오늘도 아침부터 최사장은 태윤이네 카페에 와서 씩씩대고 있다. 회계 사와 회계처리에 대한 다툼이 있었다고 한다. 이유를 들어보니, 화장품 을 판매하고 있는 최사장은 매출 감소 때문에 골치를 썩다가 작년부터 '제품보증 마케팅'을 대대적으로 시행했다고 한다. 최사장네 화장품을 사용하다가 피부에 맞지 않거나 불편한 경우에는 구입 후 2년 내에 제 품을 환불해주겠다는 프로모션이었다.

나름 혁신적인 마케팅이었는지 매출도 어느 정도 증가했다. 또한 올해 부터 일부 고객들의 환불 요청이 발생하기도 했는데, 최사장도 고객의 요청에 응대하기 위해 별다른 조건 없이 고객들에게 제품 환불을 해주 고 있었다. 본인이 고객에게 내건 약속을 지키기 위해서였다고 한다.

그런데 연말에 회계감사를 나온 회계사들이 "향후 환불될 제품 수량 및 가격을 예상해 추가로 부채를 잡아야 한다"고 주장해서 최사장은 억울하다는 입장이다. 도대체 무슨 수로 아직 발생하지 않았는데, 또한 얼마나 발생할지도 모르는 고객의 환불 내역을 추정해서 부채로 잡을 수 있다는 건지 알 수가 없다.

옆에서 듣던 태윤이도 최사장 말에 고개를 끄덕였다. 아무리 회계가 '보수주의[8]' 관점에서 처리된다지만 알 수도 없는 금액을 부채로 잡으라는 것은 태윤이가 듣기에도 무리가 있어 보였기 때문이다.

회계사들은 왜 이런 억지를 부리는 걸까?

이름부터 정체를 알 수 없는 충당부채

만약 사장님이 연초에 직원들을 대상으로 올해 매출이 작년 대비 120% 증가한다면 전 직원에게 특별보너스를 100% 지급하겠다고 발표했다고 해보자. 직원들도 가만히 생각해보니 매출 20% 신장은 그리 높은 목표가 아니라고 생각한다. 작년에는 중국발 이슈로 매출이 많이 하락했기 때문이다. 이런 경우라면 별다른 문제만 없어도 특별보너스의 지급은 확실해보여 직원들도 사장님의 덕담에 환호하지 않을까?

---

8 회계원칙 중 하나로, '보수주의'란 기업재정의 충실 및 건전성을 유지하기 위해서 비용 및 수익의 인식을 신중히 하고자 하는 원칙을 말한다. 보수주의는 비용은 빠짐없이 인식하고, 수익은 확실한 경우에만 인식하는 것으로 요약될 수 있다.

하지만 해당 성과가 달성되면 보너스는 내년에 받게 될 가능성이 높다. 매출이 마감된 후에야 결과를 확인할 수 있기 때문이다. 이런 경우 별다른 고민이 없으면 보너스를 지급하는 내년 초에 비용으로 잡히게 된다. 여기에서 회계에서는 '발생주의'란 고민이 생겨난다. 올해 성과에 따라 발생하는 비용은 올해 인식해야 하기 때문이다.

따라서 아직 확정되지는 않았지만 미래에 발생할 확률이 비교적 높을 때는 미리 '비용'과 '부채'를 잡게 되는데, 이러한 경우 사용되는 계정이 '충당부채'라는 항목이다. 즉 과거에 일어난 거래나 사건 때문에 미래에 수행해야 할 의무가 있다면 지출이 발생하는 시기와 금액이 불확실한 경우에라도 부채를 인식해야 하는데, 이러한 부채를 '충당부채'라고 한다.

이러한 의미에서 최사장이 약속한 제품환불은 일부 고객들에게는 미래에도 발생할 수도 있으므로 회계사의 주장이 억지라고 보기는 어렵다. 다만 미래에 얼마나 발생할지는 확실히 알 수 없기 때문에 현재 시점에서 미래를 추정해 그 금액을 충당부채로 인식해야 한다.

충당부채의 종류에는 어떤 것이 있을까?

회사마다 발생 가능한 미래의 수행할 의무가 다양하기 때문에 충당부채의 종류도 다양하다. 따라서 모든 충당부채를 다 설명할 수는 없지만, 그 중에서 일반적인 몇 가지만 살펴보고자 한다.

우선 최사장의 사례는 '판매보증충당부채' 또는 '제품보증충당부채'를 인식해야 한다. 특히나 최사장의 경우처럼 '제품보증'을 하겠다는 명시적인 내용이 있다면 고객이 요청할 경우 언제라도 제품을 교환 또는 환불해줄 의무가 있다. 따라서 현 시점에서 확률적으로 발생가능성을 예측해서 충당부채[9]로 기록해야 한다. 자동차 회사에서 '10년간 무상보증' 등의 프로모션을 행사하는 경우가 종종 존재하는데, 이러한 회사들의 재무제표를 살펴보면 '제품보증충당부채'가 기록되어 있는 것을 쉽게 볼 수 있다.

충당부채 중 모든 회사에서 인식해야 하는 부채도 있는데, 바로 '퇴직급여충당부채'이다. 회사는 임직원이 퇴사할 때 퇴직금을 지급하거나 혹은 퇴직연금제도에 가입해야 하는데, 임직원이 퇴사할 때 비용으로 처리하는 것이 아니라 매년 말 임직원이 퇴사하는 것을 가정해서 미리 부채로 기록해놓아야 하기 때문이다. 즉 회사는 매년 말 모든 임직원이 한꺼번에 퇴사한다고 가정하고 지급해야 하는 예상 퇴직금의 총금액을 '퇴직급여충당부채' 계정으로 기록해야 한다.

참고로 퇴직급여제도는 퇴직금 제도와 퇴직연금 제도가 있는데, 퇴직금 제도란 회사가 자체적으로 퇴직금을 모았다가 근로자가 퇴사할 때 퇴직금을 직접 근로자에게 지급하는 제도이다. 반면에 퇴직연금제도란 회사가 퇴직급여의 명목으로 매년 일정액을 금융기관에

---

9 불량 등으로 인한 제품의 교환 또는 환불은 계약이 없더라도 일어나기 마련이다. 그렇다면 모든 제조회사는 다 '제품보증충당부채'를 인식해야 하는 걸까? 하지만 회계상에서는 '중요성'의 기준에 따라 그 금액이 중요하지 않으면 기록하지 않아도 된다는 원칙이 있다. 따라서 제조회사의 대부분이 제품불량이 많지 않을 것으로 예상되므로 프로모션 등에 의한 보증 성격이 아닌 경우에는 충당부채를 인식하지 않을 수 있다.

납입하고 근로자는 퇴직시에 금융기관으로부터 퇴직금을 연금 또는 일시금으로 수령할 수 있도록 만든 제도이다.

그 외에도 건설업에서 종종 발생하는 '하자보수충당부채' 등 다양한 항목의 충당부채가 존재한다.

다 인식하라는 건 아니다: 우발부채

그렇다고 언제 발생할지도 모르고 얼마가 발생할지도 모르는데 미래에 발생할 의무가 있다는 사실만으로 충당부채를 잡아야 한다면, 기업의 회계 담당자들은 두 손 두 발을 다 들지도 모른다. 왜냐하면 언제 어디서 어떤 의무가 발생할지 알 수가 없기 때문이다.

따라서 회계에서는 신뢰성 있는 추정을 할 수 없거나 미래에 부담할 의무가 발생할 가능성이 높지 않는 경우에는 재무제표상 부채로 기록하지 않고 주석에만 공시할 수 있도록 하고 있다. 또한 만약 가능성이 거의 없다고 판단된다면 주석에 기록하지 않아도 된다.

일반적으로 주석에는 소송과 관련된 사항들이 우발부채라는 명목으로 자주 기록되는 것을 볼 수 있다. 발생할 가능성은 적지만, 그렇다고 발생하지 않을 것이라고 확신할 수 없기 때문이다. 즉 손해배상소송에 피소를 당했지만 아직 소송이 진행중이어서 손해배상 금액이 확정되지 않았고 패소 여부도 확실하지 않기 때문에 주석에만 공시한다.

충당부채 vs. 충당금

재무제표를 살펴보면 유사한 계정들이 눈에 띄기도 한다. 그 중 하나가 '충당금'과 '충당부채'이다. 종종 혼용해서 쓰이기도 해서 같은 의미 같지만, 회계에서는 이를 명확히 구분하고 있다.

앞에서 설명한 것처럼 미래에 돈이 유출될 것이 확실하지만 언제 그리고 얼마나 돈이 들어갈지 모르는 항목을 추정해 충당부채로 기록한다.

그에 반해 '충당금'은 '대손충당금'과 '재고자산평가손실충당금' 등이 그 대표적인 예인데, 자산의 차감항목으로 표시되는 성격들이다. 즉 충당금은 자산평가에 사용되는 계정과목이다. 매출채권에 대한 대손충당금은 매출채권 중 받지 못할 금액을 측정해 차감한 것이고, 재고자산평가손실충당금은 재고자산을 실제 가치로 평가해 그 가치가 하락했을 경우, 가치하락분을 측정해 차감해놓은 계정과목이다. 말하자면 현재 그 자산이 어느 정도의 가치가 있는지를 평가한 계정이 충당금이다.

이렇게 많이 벌어놓고
왜 돈이 없다고 합니까?

자본의 구조

자본이란 자산에서 부채를 뺀 순자산의 개념이다. 자본은 크게 납입자본, 이익잉여금, 기타로 분류된다.

가끔 카페에 들러 이런저런 말동무가 되어주던 장사장이 최근 들어 자주 한숨을 쉰다. 이유를 물어보니 이대로 가다가는 현금이 부족할 거라는 이야기를 한다. 아닌 게 아니라 장사장의 재무제표를 살펴보니 생각보다 현금이 적은 것 같다.

장사장이 이 동네에서 사업을 시작한 지 10년이 넘은 거 같은데, 그리고 지속적으로 이익이 난 것으로 알고 있는데 왜 돈이 없는 걸까? 장사장의 '재무상태표'만 봐도 이익잉여금이 20억 원이나 쌓여 있는데, 그 많던 이익은 어디로 가고 현금이 2억 원밖에 남지 않은 걸까?

단위: 억 원

재무상태표			
자산		**부채**	
유동자산	9	**유동부채**	4
현금 및 예금	2	외상매입금	2
		단기차입금	2
매출채권	4	**비유동부채**	8
재고자산	3	장기차입금	8
		자본	
비유동자산	27	자본금	2
유형자산	25	이익잉여금	20
임차보증금	2	당기순이익	2

이익잉여금과 현금이 꼭 일치하는 건 아니다

주식에 투자하거나 이직 등의 목적으로 회사의 재무제표를 분석하는 경우가 종종 있다. 재무제표를 분석할 때 제일 먼저 살펴봐야 할 항목 중 하나가 '이익잉여금'이다. 이익잉여금이라는 말이 조금은 낯설 수도 있겠지만, 결국에는 손익계산서상 당기순이익이 과거부터 쌓여온 금액을 의미한다.

따라서 회사가 지속적으로 이익이 발생했는지, 아니면 손실이 발생했는지의 역사를 한눈에 보고자 한다면 이익잉여금이 얼마나 쌓여 있는지, '결손금[10]'이 쌓여 있는 것은 아닌지, 이익잉여금이 자산 대비 얼마나 쌓여 있는지를 살펴보면 된다. 장사장의 '재무상태표'

를 살펴보면 자산총액이 36억 원이고 이익잉여금이 20억 원이어서 그동안의 사업성과가 상당히 좋은 편이라고 볼 수 있다.

다만 여기서 알아둘 점은 이익잉여금이 그대로 '현금'으로 쌓여 있지 않다는 사실이다. 왜냐하면 당기순이익에서 쌓인 이익잉여금은 현금으로 쌓이는 경우도 있지만 '재투자' 등의 목적으로 현금 이외의 자산으로 이전되기도 하기 때문이다. 장사장의 '재무상태표'를 보면 유형자산에 25억 원이 있다는 사실을 알 수 있다. 즉 사업을 통해 번 이익의 누적액인 이익잉여금으로 사업확장을 위해 유형자산 등에 재투자했기 때문에 손에 쥐고 있는 현금이 없다고 볼 수 있다.

또한 이익잉여금은 장부상에 그대로 쌓여있는 것만은 아니다. '배당' 등을 통해 이익잉여금을 주주에게 환원하게 된다면 이익잉여금은 줄어들기 마련이다.

베일에 쌓여있는 자본 항목

많은 사람이 자산과 부채에 대해서는 어느 정도 쉽게 이해를 하는 것 같다. 하지만 '자본'에 대한 이야기를 하다 보면 다들 골치가 아프다며 절레절레 고개를 흔드는 경우를 목격하곤 한다. 자산이나 부채와 달리 '자본'은 용어 자체도 낯설고, 일상생활에서 쉽게 접목할

---

10 '당기순이익'이 누적되어 쌓이면 '이익잉여금'이 되듯이, '당기순손실'이 누적되어 쌓이면 '결손금'이라고 부른다.

수 없는 개념이기 때문이다. 하지만 결국 자산에서 부채를 뺀 순자산이 자본이므로 자본 항목에 대한 기본적인 개념은 반드시 이해할 필요가 있다.

자본은 크게 보면 납입자본, 이익잉여금, 기타로 구분될 수 있다.

<u>납입자본이란 주주가 회사에 투자한 자금</u>으로 '자본금'과 '자본잉여금'으로 나뉜다. 회사는 자금을 유치하는 하나의 방법으로 주식을 발행하기도 한다. 이때 주식 1주당 액면가액을 신고하게 되어 있는데, 액면가액에 해당하는 금액을 '자본금'이라고 한다. 그리고 실제 거래되는 금액이 액면가액을 초과하는 경우에는 그 차액만큼을 '자본잉여금'이라고 한다.

예를 들어 삼성전자가 주식 1주를 추가로 발행했고 20,000원에 거래되었다고 하자. 삼성전자는 실제 주식이 20,000원이지만 주식 1주당 액면가액은 100원[11]이기 때문에 자본금은 100원으로, 자본잉여금은 19,900원으로 회계처리하게 된다. 즉 자본금은 상법에서 정한 법정자본금인 발행주식수당 액면가액을 기록하고, 자본잉여금은 주주와의 거래에 따라 자본을 증가시키는 잉여금이라고 볼 수 있다.

반면에 <u>이익잉여금은 회사가 벌어들인 이익으로 주주에게 귀속될 이익의 누적액</u>을 의미한다. 이익잉여금은 실제 '배당'이라는 행위를 통해서 주주에게 귀속된다. 따라서 배당이 결행되면 이익잉여금에서 그 금액이 차감된다.

자본의 기타항목으로 자본조정,[12] 기타포괄손익누계액이 있는데,

---

11 삼성전자가 2018년 1월에 시행한 '액면분할' 이후를 가정했다.

항목의 성격으로 봐서는 자본거래에 해당하나 최종 납입된 자본으로 보기 어렵거나, 자본의 가감 성격으로 자본금이나 자본잉여금, 이익잉여금으로 분류될 수 없는 항목들이다. 해당 항목은 실제 생활에서 자주 발생하는 항목은 아니므로 회계 공부를 하는 과정에서 차차 이해해도 좋다.

아래 표는 실제 자주 사용되는 자본 항목을 항목별로 간략히 설명한 것이다.

▼ **자본의 구성항목 예시**

자본 항목			설명
자본		자본금	주주의 지분 또는 청구권
		자본잉여금	증자나 감자활동과 관련된 거래에서 발생한 잉여금
	자본조정	주식할인발행차금	주식발행가액이 액면가액에 미달한 경우의 그 차액
		자기주식	회사가 발행한 주식을 주주로부터 취득한 경우의 그 취득가액
	기타포괄손익누계액	매도가능증권평가이익	매도가능증권의 기말 평가액과 장부가액의 차액
		해외사업환산손익 등	해외사업환산손익, 현금흐름위험회피 파생상품 평가손익 등
	이익잉여금	이익준비금	금전배당의 10%에 해당하는 금액
		재무구조개선적립금	재무구조를 개선하기 위해 적립하는 금액

---

12 일반기업회계기준에서 사용되는 '자본조정'이라는 용어를 K-IFRS에서는 '기타자본'이라고 부른다.

자본변동표의
의미

　대표적인 재무제표는 재무상태표, 손익계산서, 현금흐름표이지만 실제 감사보고서상엔 '자본변동표'도 포함되어 있다. 자본변동표란 일정 기간 동안 자본의 크기와 그 변동에 대한 정보를 제공해주는 보고서이다. 주주 입장에서는 투자한 회사의 지분이 1년 동안 어떻게 변화했는지가 궁금할 것이다. 재미있는 점은 자본변동표는 재무상태표와 손익계산서와 연계되어 있다는 것이다. 전기말의 재무상태표와 당기말의 재무상태표를 기준으로 손익계산서와 자본의 변동을 연결시켜주는 표이기 때문이다.

▼ 자본변동표의 예시

	자본금	자본잉여금	자본조정	기타포괄손익누계액	이익잉여금
기초					
증가 내용					13
감소 내용					
기말					

---

13 당기순이익 또는 당기순손실이 발생하는 경우에는 해당 란에 표시된다.

손익계산서와 재무상태표를 이해했다면 회계 전문가로서의 9부 능선을 넘었다고 해도 과언이 아니다. 마지막 1부 능선은 현금흐름을 이해하는 것인데, 현금흐름이 중요한 이유는 회사의 유동성 위기를 관리할 수 있기 때문이다. 즉 아무리 회사 또는 개인사업의 장밋빛 미래가 펼쳐진다고 해도 당장에 지급해야 할 채무를 변제할 능력이 없다면 회사는 도산하기 마련이다. 즉 경영이란 먼 미래뿐만이 아니라 바로 앞의 미래도 관리해야 하는데 이럴 때 중요한 개념이 바로 현금흐름이다.

3부

현금흐름과 재무지표,
이보다 명쾌할 수 없다

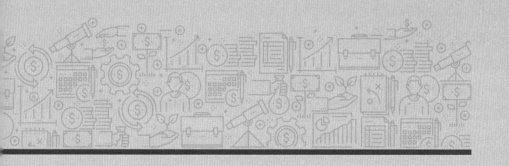

회계란 단순한 숫자의 나열이 아니다. 지금껏 회계를 공부한 이유는 회사 또는 개인사업을 경영하기 위함이다. 그렇다면 장부상 숫자를 하나하나 확인하면서 경영을 해야 할까? 회사의 CEO 또는 개인사업자는 이것 말고도 할 일이 많다. 그렇다면 조금 더 직관적이고 효율적으로 회사 또는 개인사업의 재무현황을 한눈에 볼 수 있는 방법이 있으면 좋을 것이다. 현금흐름과 재무지표는 경영자의 의도에 맞게 재무 현황을 한눈에 볼 수 있게 하는 데 그 목적이 있다.

6장

CFO처럼 생각하자

실제 현금과 장부상 현금은
왜 꼭 맞아야 할까?

현금은 사실, 이익은 의견

실제 현금과 장부상 현금이 일치하는지를 확인하는 절차는 회계상 장부가 사실대로 작성되었는지를 검증하는 중요한 방법 중의 하나이다.

매일 저녁 영업이 끝나면 태윤이는 장부상 기록된 현금 잔액과 실제 계산대에 있는 현금 잔액을 맞춰보는 것으로 하루의 일과를 끝낸다. 그런데 오늘따라 태윤이는 장부상 현금 잔액과 실제 현금 잔액 1천 원이 안 맞아서 끙끙대고 있다. 평소 이런 적이 없었는데, 어디다 정신을 팔았는지 오늘 따라 안 맞는 게 너무 이상하다.

정신이 없어 죽겠는데 같이 저녁 모임을 가기로 한 최사장이 빨리 하라며 재촉한다. 그리고 사업하는 사람이 쪼잔하게 1천 원이 안 맞는다고 끙끙대냐며 그냥 넘어가라고도 한다. 하지만 태윤이는 왠지 1천 원이 문제가 아닌 것 같아 쉽게 자리를 떠나지 못하고 있다. 최사장 말대로 자신이 너무 꼼꼼한 건 아닌지 약간 걱정이 되기도 한다.

금액도 작은데 1천 원 정도는 '잡손실'로 처리하고 넘어가도 되는 것 아닐까? 회계에서도 중요성 기준이 있으니 말이다. 과연 이런 태윤이의 생각은 회계에서 인정될 수 있을까?

장부상 현금과 실제 현금을 확인해야 하는 이유

'1천 원 정도는 그냥 넘어갈까' 하는 태윤이의 생각은 실무에서도 당연한 것으로 여겨질 수도 있다. 하지만 장부상 현금과 실제 현금을 맞추는 것은 대단히 중요한 절차이다.

또한 장부상 현금과 실제 현금은 가끔 차이도 발생하기도 한다. 결혼식장에서 축의금을 관리해본 사람이라면 한번쯤은 경험해본 적이 있겠지만, 실제 축의금으로 들어온 돈을 장부에 적다 보면(그 이유야 다양하겠지만) 장부상 현금과 실제 현금이 맞지 않는 경우가 허다하다.

회계 실무에서도 이런 경우가 종종 존재한다. 특히 회계사로서 회계감사를 수행할 때 가장 중요하게 여기는 부분이, 단순하지만 장부상 기록된 현금 잔액과 실제 현금[1] 잔액이 정확하게 일치하는지 확인하는 것이다. 실제 십수 년 동안 회계감사를 하면서 소위 말하는 '이중장부'를 적발한 적도 있었는데, 적발한 계기는 의외로 단순했

---

1   여기서 이야기하는 '현금'은 단순히 현금만을 의미하는 것이 아니라 은행에 예치되어 있는 예적금을 포함한다.

다. 통장에 찍혀 있는 잔고와 장부상 기록되어 있는 은행잔고에서 차이가 발생한 것이다. 해당 차이를 가지고 담당자와 이리저리 이야기를 해보다가 '이중장부'가 존재한다는 사실을 알게 되었다.

장부를 작성하는 담당자도 인간인지라 발생 사건을 순서대로 기록하다 보면 아무리 완벽하게 할지라도(실수인지, 의도된 결과인지는 모르지만) 종종 차이가 발생할 수 있다. 하지만 이러한 차이가 작다고 해서 단순히 넘어가서는 안 된다. 여러 차이가 모여서 우연히 차이가 작아졌을지도 모르기 때문이다. 따라서 결산을 마감하는 과정에서 놓치지 말아야 할 기본적이면서 가장 중요한 사항은 장부상 현금과 실제 현금이 일치하는지 확인하는 것이다.

현금은 사실이고, 이익은 의견이다

현금과 관련된 또 다른 이슈는 실제 장부상 결산을 마감하다 보면 현금의 증감 방향과 이익의 증감 방향이 일치하지 않는 경우도 존재한다는 것이다. 즉 이익이 발생했는데 현금이 감소하거나, 손실이 발생했는데 현금이 증가하기도 한다. 이러한 사례가 발생하는 이유는 이익은 손익계산서상 발생주의 회계원칙에 근거해 작성된 것이기 때문이다.

따라서 해당 회계기간에 수익이 발생했다고 해서 해당 회계연도에 현금을 수취했다는 것을 의미하지도 않으며, 비용이 발생했다고 해서 현금을 바로 지급했다는 것을 의미하지도 않는다. 즉 현금의 유입과 수익의 인식시점과, 현금의 유출과 비용의 인식시점이 일치하지 않는다는 의미이다.

또한 이익은 경영자의 의도에 따라 변형될 가능성도 존재한다. 발생주의에 따라 미래 매출채권의 대손충당금을 인식하거나 미래 발생할 우발채무를 추정해 충당부채를 인식[2]하는 것 등이 이에 해당하는데, 가만히 생각해보면 대손충당금 등이 경험율을 가지고 산출된다고 할지라도 경영자의 주장에 따라 주관적인 요소가 감안될 수 있기 때문이다.

즉 발생주의에 따라 추정된 손익의 비중이 클수록 이익조정의 가능성을 의심해볼 여지가 있다. 하지만 현금 그 자체는 실물로 존재하기 때문에 이러한 추정 요소가 포함되지 않는다. 따라서 기업의 이익을 살펴볼 때에는 당기순이익뿐만 아니라 현금흐름도 동시에 살펴보는 것이 중요하다.

2　회계감사가 필요한 이유 중 하나가 이러한 예상치가 합리적으로 추정되었는지를 검토하기 위해서이다. 합리적 추정은 예상치의 논리적인 전개뿐만 아니라 동종업계의 현황 등이 종합적으로 고려되어야 한다.

이익이 났는데
사장은 왜 도망갔을까?

흑자도산의 의미

기업의 가치는 장기적으로는 이익으로 평가될 수 있지만, 단기적으로는 현금의 흐름이 부족하지 않은지 판단하는 것이 중요하다.

김사장에 대한 이야기가 무성하다. 자고 일어났더니, 김사장네가 하던 장사를 접고 홀연히 이사를 갔기 때문이다. 동네 모임에서도 간간히 봤던 친구라서 그런지 태윤이의 마음도 씁쓸하다. 들리는 소문에 의하면 만기가 도래하는 채무를 막지 못해서 부도가 났다고 한다.

김사장이 평소 말수는 적었지만 신뢰를 주는 사람이었기 때문에 여기저기 거래처와의 관계도 좋았는데 부도가 나다니, 잘 이해가 되지 않는다. 더구나 가끔 김사장과 결산 때문에 재무제표를 함께 검토하면서 김사장의 재무제표상 이익이 발생하는 것도 알고 있었던 태윤이로서는 더욱더 알 듯 말 듯하다.

이익이 나는데 왜 부도가 발생한 걸까?

현금이 있으면 망하지 않는다

흔히 회계에서 재무제표를 사람의 몸에 비유하는 경우가 가끔 있다. 이때 자산을 사람의 외형인 '체격'에, 손익을 사람이 지속적으로 활동할 수 있는 '체력'에, 현금을 사람이 활동하는 데 없어서는 안 되는 '혈액'에 비유하곤 한다.

아무리 체격이 크고 체력이 좋다고 하더라도 당장에 피가 순환되지 않으면 사람은 버텨내질 못한다. 마찬가지로 기업의 자산이 많고 지속적으로 이익이 발생하더라도 당장에 운영할 수 있는 현금이 없으면 기업은 망하기 마련이다. 그 이유는 기업의 현금흐름이 기업의 경영성과를 나타내는 손익의 흐름과 반드시 일치하는 것은 아니기 때문이다.

앞에서도 말했듯이, 발생주의에 따라 작성되는 손익계산서상 수익이 이미 현금을 수취했다는 것을 의미하지도 않고, 마찬가지로 비용도 이미 현금을 지급했다는 것을 의미하지는 않는다. 따라서 현금이 유입되거나 유출되는 시점과 수익과 비용이 인식되는 시점에 차이가 발생하며, 이러한 시점 차이로 이익이 발생함에도 불구하고 단기적으로는 현금이 부족할 수도 있다.

또한 부실채권이 발생해 현금이 회수되지 않을 수도 있고, 감가상각비나 대손충당금 등의 비용에 대한 경영자의 추정이 잘못될 수도 있다. 이런 경우 손익계산서에서 인식한 이익이 미래 기간에 현금화되지 않을 가능성도 존재한다.

따라서 재무제표상에서는 이익이 났지만 당장에 현금화가 되지 않아 당장 갚아야 할 빚을 갚지 못해 부도가 발생하는 경우가 있는데, 이를 '흑자[3]도산'이라고 한다.

기업에서 현금이 중요한 이유는 단 한 가지이다. 아무리 손실, 즉 적자가 나더라도 회사에 충분한 현금이 있다면 그 회사는 망하지 않기 때문이다. 하지만 이익은 나는데 단기적으로 현금이 없는 경우에는 '흑자도산'처럼 회사는 망할 수 있다. 이러한 이유 때문에 앞서 현금을 당장 몸에 순환하지 않으면 안 되는 '혈액'으로 표현하곤 한다.

장기적으로는 이익에, 단기적으로는 현금에 주목

현재까지의 이야기를 들어보면 한 가지 궁금한 점이 생긴다. 이렇게 현금이 중요하다면서 왜 회계는 여전히 현금주의가 아니라 발생주의를 고집하는 걸까?

여기서 오해하면 안 되는 사실은 흑자도산이 발생하는 이유는 단기간의 현금흐름이 부족하기 때문이라는 점이다. 손익계산서상 이익은 특별한 경우를 제외하고는 결국에는 미래의 현금흐름을 증가시킨다. 다만 현금으로 회수되는 시기가 다르기 때문에 단기적으로는 기업의 현금이 부족하지 않도록 잘 관리해야 한다는 의미이다.

---

3 관행상 손익계산서에 이익이 발생하는 경우에는 '검은색', 손실이 발생하는 경우에는 '빨간색'으로 표시하는 경우가 많은데, 여기서 '흑자'의 의미는 '검은색'이므로 손익계산서상 이익이 발생했다는 의미이다.

즉 기업에서 아무리 90일 이후에 받을 매출채권이 100만 원이 있다고 하더라도, 30일 이내에 지급해야 할 30만 원이 있다면 어떨까? 아무리 미래에 받을 돈이 줄 돈보다 많더라도, 현재 기업에 현금잔고가 없다면 '부도'가 발생할 수 있기 때문에 단기적으로 30만 원을 해결할 수 있도록 자금 차입 등을 통한 대안을 마련해야 한다.

회계학자들의 오랜 연구결과에서도 장기적으로 기업가치를 가장 정확히 반영하는 지표는 '순이익'이라는 결론이 나왔다. 즉 기업의 장기적 가치는 결국 당기순이익에 의해 결정된다는 의미이다. 다만 기업의 가치를 단기적으로 평가할 땐 현금흐름을 무시해서는 안 된다. 흑자를 기록했음에도 불구하고 순간 현금이 부족해서 부채를 상환하지 못하고 파산하는 기업이 종종 있기 때문이다.

따라서 기업의 가치는 장기적으로는 이익에 주목하고, 단기적으로는 현금 수치에 비중을 두고 살펴보는 지혜가 필요하다.

그냥 현금만 많이 들어오면 좋은 거 아닙니까?

현금흐름표의 구조

현금흐름을 거래 유형에 따라 구분하는 것이 중요하다. 현금흐름은 그 유형에 따라 영업활동, 투자활동 및 재무활동으로 구분된다.

김사장의 사업이 부도가 난 사실이 알려지자, 동네 사람들이 저마다 수군거리고 있다. 얼마 전 동네모임에서 이 문제를 가지고 갑론을박을 하는 일까지 생겼다. 김사장의 영업 방식이 문제였다는 둥, 김사장의 거래처가 사기꾼이었다는 둥, 역시 장사는 아무나 하는 게 아니라는 둥 여러 이야기가 오고 갔다.

그러던 중에 최사장은 역시 "현금이 최고"라면서, 자기도 요즘 투자처를 알아보고 있는데 투자처의 순현금이 얼마나 증가하고 있는지를 중요하게 보고 있다고 했다. 간만에 태윤이는 최사장의 말에 동조가 된다. 그런데 장사장은 순현금이 증가하는 것이 꼭 좋은 것만은 아니라며, 현금흐름도 유형별로 잘 살펴봐야 한다는 이야기를 했다. 아니, 현금이 들어와도 좋은 게 아니라니? 태윤이는 장사장에게 "김사장의 사업도 장밋빛이었지만 결국 현금이 부족해서 망하지 않았냐"고 반문을 하고 싶었다. 더구나 현금흐름의 유형이라니? 현금에도 유형이 있다니 도대체가 알쏭달쏭하다.

흰소리를 하는 장사장이 아니기에 뭐라고 할 수도 없으니 답답할 따름이다. 장사장은 무슨 이야기를 하고 있는 걸까?

현금흐름도 유형이 있다

재무상태표는 일정 시점의 현금이 얼마인지를 보여주지만, 현금이 어떤 과정을 통해 확보되었는지까지는 알려주지 못한다. 현금 그 자체에는 꼬리표가 없기 때문이다. 또한 손익계산서상 당기순이익은 일정기간 동안 회사가 얼마나 이익을 남겼는지 그 성과를 알려주기는 하지만, 회사의 현금흐름[4]과 꼭 일치하지만은 않는다.

또한 현금이 들어왔다고 해서 무조건 좋고, 현금이 나갔다고 해서 무조건 나쁜 것은 아니다. 현금이 들어오고 나간다는 사실은 동일하지만 거래 유형별로 그 성격이 다르기 때문이다. 따라서 현금흐름을 거래 유형에 따라 구분해보는 것이 중요한데, 이를 보여주는 재무제표가 바로 '현금흐름표'이다.

---

4 발생주의상 수익과 비용의 발생 시점과 현금의 수취와 지출 시점이 일치하지 않는다는 의미이다.

현금흐름의 유형별 분류

현금흐름표는 손익계산서와 마찬가지로 일정기간 동안의 기업의 경영성과를 반영한다. 다만 손익계산서는 발생주의에 근거해 경영성과를 기록하는 것인 데 반해, 현금흐름표는 현금주의에 근거해 경영성과를 기록한다는 사실에 차이가 있다.

기업의 활동은 크게 재무, 투자 및 영업활동으로 분류될 수 있다. 즉 기업은 투자자로부터 현금을 조달(재무활동)하고, 영업을 하기 위해 자산을 취득(투자활동)해, 그 자산을 사용해 영업활동을 통해 현금을 창출(영업활동)한다. 현금흐름표 또한 기업의 활동에 맞춰 현금의 입금과 출금을 영업활동, 투자활동 및 재무활동으로 표시하도록 되어 있다.

'영업활동 현금흐름'이란 기업의 본원적 활동인 제품의 생산과 판매, 상품과 용역의 구매와 판매 및 관리 활동에 의해 발생한 현금의 입금 및 출금을 의미한다. 즉 태윤이가 커피를 판매해서 얻은 수입, 커피 원두를 구입한 비용 및 종업원 급여 등이 여기에 해당된다.

▼ 현금흐름표의 예시

현금흐름표	
Ⅰ. 영업활동 현금흐름	XXX
Ⅱ. 투자활동 현금흐름	XXX
Ⅲ. 재무활동 현금흐름	XXX
Ⅳ. 현금의 증감(Ⅰ+Ⅱ+Ⅲ)	XXX
Ⅴ. 기초 현금	XXX
Ⅵ. 기말 현금(Ⅳ+Ⅴ)	XXX

따라서 '영업활동 현금흐름'을 통해서 기업이 자체적인 영업활동으로부터 얼마나 현금이 창출되었는지에 대한 정보를 확인할 수 있다. 다만 영업활동은 실무상 투자활동이나 재무활동에 속하지 않는 거래와 사건을 모두 포함[5]하기도 한다.

'투자활동 현금흐름'이란 건물이나 기계처럼 영업활동에 필요한 자산의 취득 및 처분에 따른 현금흐름을 의미한다. 또한 영업활동에 포함되지 않지만 '주식취득' 등 투자수익을 목적으로 취득 또는 처분하는 자산의 현금흐름도 포함하며, 영업활동에 직접적으로 필요한 재고자산은 제외한다. 즉 태윤이가 카페를 확장하기 위해 구입한 건물이나 카페 인테리어 비용, 커피머신 구입비용 등이 여기에 해당된다. '투자활동 현금흐름'을 통해 미래 영업활동 현금흐름을 창출할 자원의 확보와 처분에 관련된 기업의 현금흐름을 알 수 있다.

마지막으로 살펴볼 '재무활동 현금흐름'이란 영업활동과 투자활동에 필요한 자금의 조달 및 상환과 관련된 활동을 의미한다. 여기서 자금이란 주주와 관련된 자본뿐만 아니라 채권자들과 관련된 차입금도 포함한다. 즉 태윤이가 은행에서 돈을 빌리거나 주식을 발행해 투자자를 모집하는 경우가 여기에 해당된다. '재무활동 현금흐름'을 통해 영업활동을 지원하기 위한 현금흐름의 조달 방법을 알 수 있으며, 영업활동 및 투자활동의 결과 창출된 현금흐름이 어떻게 배분되는지를 알 수 있다.

---

5 현금흐름표상 '영업활동 현금흐름'의 구성항목을 살펴보면 이자비용 등이 포함될 수 있다는 사실을 알 수 있다. 실무상 투자 및 재무활동으로 구분되지 않는 애매한 활동을 어디로 분류할지 명확하지 않는 경우가 있다. 이런 경우 해당 거래는 영업활동으로 분류한다.

퀴즈로 배우는 현금흐름 유형의 분류

그렇다면 거래별로 현금흐름의 유형이 어떻게 분류될 수 있는 걸까? 아래 퀴즈를 통해 구체적으로 현금흐름의 유형을 분류해보자.

발생 거래	현금흐름		활동 유형		
	유입	유출	영업	투자	재무
태윤이가 커피를 판매해 현금을 회수했다.	○		○		
태윤이가 원두를 구입하고 결제한 카드 값이 통장에서 나갔다.		○	○		
태윤이가 종업원에게 급여를 지급했다.		○	○		
태윤이가 법인세를 납부했다.		○	○		
태윤이가 카페 부지로 토지를 매입했다.		○		○	
태윤이가 친구에게 빌려준 돈을 회수했다.	○			○	
태윤이가 여윳돈으로 주식을 취득했다.		○		○	
태윤이가 은행으로부터 돈을 차입했다.	○				○
태윤이가 은행으로부터 빌린 돈을 일부 상환했다.		○			○
태윤이가 자금확보를 위해 주식을 발행했다.	○				○
태윤이가 주주에게 이익에 대한 보상으로 배당금을 지급했다.		○			○

기업의 수명주기와 현금흐름

그렇다면 어떻게 현금흐름이 구성되어야 좋은 현금흐름일까? 일반적으로 이야기하면 '영업활동 현금흐름'은 가능한 양(+)의 현금흐

▼ 기업의 발전단계별 현금흐름

기업의 발전단계	재무활동	투자활동	영업활동
도입기	현금유입	현금유출	현금유출
성장기	현금유입	현금유출	현금유입
성숙기	현금유출	현금유입/유출	현금유입
쇠퇴기	현금유출	현금유입	현금유출/유입

름이 발생해야 좋은 현금흐름이다. 그에 반해 '투자 및 재무활동 현금흐름'은 기업의 발전단계에 따라 그 현금흐름의 양상이 다르게 나타난다. 따라서 현금흐름표를 잘 살펴보면 어느 정도 기업의 수명주기를 알 수 있다.

우선 '도입기'는 기업이 시장에 진출하는 시기이므로 상대적으로 자금 조달이나 투자가 많이 발생한다. 그에 비해 매출은 크게 증가하지 않는다. 따라서 도입기에는 ① 재무활동으로 인한 현금의 유입이 발생하고, ② 투자활동으로 인한 현금의 유출이 발생하며, ③ 영업활동으로 인한 현금의 유출이 발생한다.

'성장기'에는 점점 매출이 늘어나고, 적자였던 손익은 흑자로 돌아서면서 급격하게 증가한다. 또한 매출 증가에 대응하기 위해서 여전히 많은 시설투자와 자금조달이 필요하다. 따라서 ① 재무활동으로 인한 현금의 유입이 발생하고, ② 투자활동으로 인한 현금의 유출이 여전히 발생하며, ③ 영업활동으로 인한 현금이 유입되기 시작된다.

성숙기에는 매출이 정점에 이르지만 매출의 성장률은 낮아진다. 또한 기업의 자금 조달 및 시설투자도 낮아지게 된다. 경우에 따라서는 기존에 조달한 자금을 여유 자금으로 상환하기도 한다. 따라서 ① 재무활동으로 인한 <u>현금의 유출</u>이 발생하고, ② 투자활동으로 인한 <u>현금의 유입 또는 유출</u>이 발생하며, ③ 영업활동으로 인한 <u>현금은 지속적으로 유입</u>된다.

어느덧 '쇠퇴기'에 접어들면 기업은 일부 사업부를 매각 처분하거나 기업의 활동을 중단하는 경우도 발생한다. 또한 기존 설비자산 등을 매각해 채무를 상환하기도 한다. 따라서 ① 재무활동으로 인한 <u>현금의 유출</u>이 발생하고, ② 투자활동으로 인한 <u>현금의 유입</u>이 발생하며, ③ 영업활동으로 인한 <u>현금의 유입이 적어지거나 유출</u>이 발생하기도 한다.

간접법 vs. 직접법

현금흐름표를 작성하는 방법에는 간접법과 직접법, 2가지가 있다. 직접법이란 현금주의에 따라 입금과 출금 내역을 기준으로 현금흐름을 보여주는 방식이다. 현금흐름이 직접 눈에 보여 정보이용자 입장에서는 이해하기가 더 쉽고 유용하다. 다만 회계는 현금주의가 아니라 발생주의에 기반해 거래를 기록하므로, 현금흐름표를 직접법으로 만들려면 발생주의로 기록해놓은 장부를 이것저것 손을 많이 대야 한다. 마치 처음부터 현금주의로 장부를 기록한 것처럼 만들어야 하기 때문이다.

따라서 이러한 문제를 해결하기 위해서 실무에서는 간접법이 많이 활용된다. 간접법이란 손익계산서의 당기순이익에 현금의 유출이 없는 비용을 더하고, 현금의 유입이 없는 수익을 차감한 후에 영업활동으로 인한 자산 및 부채의 변동을 표시하는 방법이다. 즉 많은 정보를 발생주의로 기록한 재무상태표와 손익계산서를 잘 활용할 수 있는 방법이다.

다만 재무정보를 이해하는 입장에서는 간접법과 직접법의 구분에 크게 신경 쓸 필요가 없다. 직접법이든 간접법이든 현금흐름은 영업활동, 투자활동 및 재무활동으로 분류된다는 점에는 차이가 없기 때문이다.

▼ 현금흐름표⁶: 직접법 vs. 간접법

단위: 원

직접법에 의한 현금흐름표		간접법에 의한 현금흐름표	
	2021		**2021**
I. 영업활동현금흐름		**I. 영업활동현금흐름**	
고객으로부터 유입된 현금	X,XXX	법인세비용차감전순이익	X,XXX
공급자와 종업원에 대한 현금유출	(XXX)	가감:	
영업으로부터 창출된 현금(A)	X,XXX	감가상각비	XXX
이자지급(B)	(XX)	외화환산손실	XX
법인세의 납부(C)	(XX)	투자수익	(XXX)
영업활동현금흐름(A+B+C)	X,XXX	이자비용	XX
			X,XXX
II. 투자활동현금흐름		매출채권 및 기타채권의 증가	(XXX)
유형자산의 취득	(XXX)	재고자산의 감소	X,XXX
설비의 처분	XX	매입채무의 감소	(X,XXX)
이자수취	XX	영업에서 창출된 현금(A)	X,XXX
배당금수취	XX	이자지급(B)	(XXX)
투자활동현금흐름	(XXX)	법인세 납부(C)	(XXX)
		영업활동현금흐름(A+B+C)	X,XXX
III. 재무활동현금흐름			
유상증자	XXX	**II. 투자활동현금흐름**	
장기차입금	XXX	유형자산의 취득	(XXX)
배당금지급	(XXX)	설비의 처분	XX
재무활동현금흐름	(XXX)	이자수취	XX
		배당금수취	XX
IV. 현금 및 현금성자산의 순증가(I+II+III)	XXX	투자활동현금흐름	(XXX)
V. 기초 현금 및 현금성자산	XX	**III. 재무활동현금흐름**	
		유상증자	XXX
VI. 기말 현금 및 현금성자산(IV+V)	XXX	장기차입금	XXX
		배당금지급	(XXX)
		재무활동현금흐름	(XXX)
		IV. 현금 및 현금성자산의 순증가(I+II+III)	XXX
		V. 기초 현금 및 현금성자산	XX
		VI. 기말 현금 및 현금성자산(IV+V)	XXX

출처: 『두산백과』

---

6 직접법 및 간접법에 따른 현금흐름표 예시는 『두산백과』에서 제시한 사례를 인용했다.

기업수익성 평가,
재무비율로 한눈에 안다

재무비율의 활용 by C.C.C

실제 재료를 투입해 생산한 제품을 판매해 매출이 현금화되기까지의 영업 기간인 '현금전환주기'는 재무상태표 및 손익계산서를 통해 산출할 수 있다.

평소에 정확한 장부관리가 중요하다고 생각하는 태윤이는 카페를 운영할 때에도 FM[7]대로 회계처리를 하고 있다. 또한 나름 사업이 커지면서 전처럼 태윤이의 기억에 의지해 장부를 관리하기에는 점점 한계를 느끼게 되었다. 그래서 태윤이는 작년부터는 회계전문가의 도움을 받아 재무상태표와 손익계산서를 매년 작성하고 있다.

하지만 요즈음 태윤이는 이렇게 열심히 장부정리를 하는 데 약간 회의감이 든다. 도대체 이런 재무정보를 작성해도 어떻게 활용할지 잘 모르

---

7 FM(Field Manual)이라는 의미는 다양하겠지만, 여기에서는 발생주의에 기반한 복식부기에 따른 회계처리를 의미한다.

겠다는 생각이 들기 때문이다. 자신이 카페 사업을 잘하고 있는 건지, 원재료를 구입하기 위해 대금을 지급하고 매출 이후에 대금이 회수되기까지는 얼마나 걸리는지 등 이런 정보들을 알고 싶은데, 재무상태표와 손익계산서를 아무리 들여다봐도 알듯 말듯하다.

이런 내용들을 보기 위해서는 어떻게 하면 좋을까?

재무비율 또는 재무지표 분석의 의미

회계라고 하면 손사래를 치는 회계초보자들이 대차대조표와 손익계산서를 가지고 재무정보를 분석하기란 쉽지 않다. 또한 아무리 봐도 한눈에 들어오지도 않는다. 하지만 회계초보자들도 쉽게 이해할 수 있도록 중요한 정보만을 간결한 수치로 쉽게 볼 수 있는 방법이 있는데, 이를 '재무비율 분석' 또는 '재무지표 분석'이라고 한다.

'재무비율 또는 재무지표' 분석이 자주 활용되는 또 다른 이유는 기업간 또는 기간별 비교분석이 용이하기 때문이다. 예를 들어 연간 매출액이 1,000억 원이고 영업이익이 100억 원인 회사 A와, 연간 매출액이 400억 원이고 영업이익이 50억 원인 회사 B가 있다고 하자. 과연 어떤 회사가 더 사업을 잘하고 있을까?

두 회사를 비교하기 위해서 영업이익을 매출액으로 나누어보면, 회사 A의 영업이익률이 10%이고, 회사 B의 영업이익률이 12.5%임을 알 수 있다. 따라서 충분한 시장기회가 있다고 한다면 회사 B가 더 효율적으로 장사를 한 것으로 볼 수 있다.

보유해야 할 최소 현금을 알아보는 법: 현금전환주기

사례에서 태윤이가 궁금했던 '원재료를 구입해 대금을 지급한 후에 매출로 인한 대금회수까지 걸리는 기간'은 어떻게 산출할 수 있을까? 재무비율 중 '현금전환주기(Cash Conversion Cycle)'를 활용한다면 쉽게 산출할 수 있다.

'현금전환주기'란 기업이 원재료를 구입하기 위해 현금을 지급하고, 제품을 생산한 후에 판매해 현금이 다시 기업으로 돌아오는 데 걸리는 시간으로 '이익 주기(Earnings Cycle)'라고도 한다. 즉 태윤이가 원두를 구입하기 위해 대금을 지급하고 커피를 판매한 후 카페 또는 기업체로부터 대금을 회수하기까지 걸리는 시간으로, 아래 산식을 통해 계산할 수 있다.

$$\text{현금 전환 주기} = \underbrace{\frac{\text{(평균) 재고자산}}{\text{매출원가}} \times 365\text{일}}_{\text{재고자산 회전기간}} + \underbrace{\frac{\text{(평균) 매출채권}}{\text{매출}} \times 365\text{일}}_{\text{매출채권 회전기간}} - \underbrace{\frac{\text{(평균) 매입채무}}{\text{매출원가}} \times 365\text{일}}_{\text{매입채무 회전기간}}$$

'현금전환주기'를 이해하려면 '재고자산 회전기간' '매출채권 회전기간' '매입채무 회전기간'의 의미를 이해해야 한다.

우선 '재고자산 회전기간'이란 원두를 사용하는 시점에서 커피가 판매되어 매출이 발생하는 기간을 의미한다. 다만 매출이 발생한다고 해서 현금이 바로 들어오지 않는 경우에는 매출이 발생한 후에 현금이 입금되는 기간을 고려해야 하는데, 이 기간이 바로 '매출채권 회전기간'이다.

또한 일반적으로 원두를 구매하는 데 현금을 바로 지급하지 않는 경우에는 원두를 구입한 뒤 일정 시간이 지난 후에 현금이 지출되므로 이 기간은 '현금전환주기' 계산시에 제외되어야 하는데, 이를 '매입채무 회전기간'이라고 한다. 해당 내용을 그림으로 표현하면 아래와 같다.

▼ 현금 전환 주기

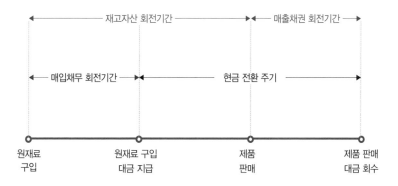

만일 태윤이가 재무정보를 활용해 계산한 현금전환주기가 아래와 같다고 가정해보자.

예) 8 Days(현금전환주기)=10 Days(재고자산 회전기간)+3 Days(매출채권 회전기간)-5 Days(매입채무 회전기간)

태윤이가 원두를 투입해 커피를 판매하기까지 평균 10일이 소요되고, 카페매장뿐만 아니라 거래처 등에게 커피 판매 후 평균 3일 이내에 현금이 입금된다. 또한 외상으로 구입한 원두는 평균 5일 정도 후에 업체와 정산을 하므로, 태윤이는 최소한 8일 정도의 현금을 운영자금으로 소유하고 있어야 자금이 부족할 위험을 대비할 수 있다는 의미이다.

　이처럼 '현금전환주기'를 활용하면 기업이 영업을 하기 위해 구입한 원재료 대금이 얼마 후에 회수될 수 있는지를 추정할 수 있다. 따라서 기업은 매일 발생하는 평균 자금지출을 기준으로 '현금전환주기'를 활용해 최소한 얼마 동안의 현금을 보유해야 하는지를 추정할 수 있다.

재무비율의
활용과 한계

기업경영활동의 전반적인 흐름을 쉽게 이해하는 데 '재무비율'은 유용한 지표로 활용될 수 있다. 다만 '재무비율'을 절대적으로 받아들이기에는 무리가 있다. '재무비율'은 말 그대로 비율이므로 상대적이기 때문이다. 또한 '재무비율'은 회사가 어떤 업종에 있느냐에 따라 평균치가 상이하다.

제약업계와 화장품업계의 재무비율[8]을 산출해 바로 비교하는 것이 무리인 이유도 이런 때문이다. 또한 '재무비율'에 나타난 가치는 장부가치(Book Value)로서 기업의 과거 결과를 나타내기 때문에 미래의 경제적 가치를 충분히 반영하고 있다고는 볼 수 없다.

기업마다 회계처리 기준이 다른 경우 재무비율의 단순한 비교는 부적절하다. 기업간 비교 가능성을 높이기 위해 국가 기관이 '(해당 국가의) 기업회계기준'을 기업이 도입하도록 권고하는 것도, 국가간 기업의 비교 가능성을 높이기 위해서 국제회계기준인 IFRS를 도입하는 것도 다 이러한 이유 때문이다.

---

8 따라서 '재무비율'을 분석하기 위해서는 비교대상 기업의 동종기업 또는 동종산업의 평균을 기준으로 비교하기도 한다.

CFO처럼
재무제표 바라보기

다양한 재무비율

수익성 비율, 성장성 비율, 안정성 비율, 활동성 비율 등 다양한 재무비율을 활용하면 회사의
재무현황을 쉽게 파악할 수 있다.

얼마 전 광고에서 꽤 좋은 반응을 보인 문구가 생각난다. '더 격렬하게
아무것도 안하고 싶다.' 바쁜 시대를 살아가는 현대인들에게 집중해야
할 것 이외의 사항들은 알아서 잘 처리해주었으면 하는 바람이 묻어나
는 인상적인 광고문구였다.

기업을 운영하느라 바쁜 CEO나 CFO에게도 일일이 재무제표에 나와
있는 숫자를 분석하지 않아도 한눈에 기업의 현황을 알려주는 방법이
있다면 얼마나 좋을까? '재무지표'가 답은 될 수는 없겠지만 하나의 방
법은 될 수 있다. 실제 기업에서도 CEO나 CFO는 각종 재무지표를 활용
하는 경우가 많은데, 이번 주제에서는 실무에서 자주 사용되는 기본적
인 재무지표들을 소개하고자 한다.

우리 회사의 성적은 잘 나오고 있나: 수익성 비율

회사는 무엇보다도 이익이 나야 한다. 그리고 회사의 영업성과가 유사 업종의 다른 회사보다 높은지를 비교해야 하는데, 이럴 때 활용할 수 있는 지표가 바로 '수익성 비율'이다.

- 매출총이익률: 매출원가를 빼고 남는 이익률이 얼마인지를 보여주는 지표이다.

$$\text{매출총이익률} = \frac{\text{매출총이익}}{\text{매출액}}$$

- 매출액영업이익률: 회사의 영업성과인 영업이익률이 얼마인지를 보여주는 지표이다.

$$\text{매출액영업이익률} = \frac{\text{영업이익}}{\text{매출액}}$$

- 매출액순이익률: 회사가 1원의 매출이 발생했을 때, 회사가 벌어들일 수 있는 이익이 얼마인지를 나타내는 지표이다.

$$\text{매출액순이익률} = \frac{\text{당기순이익}}{\text{매출액}}$$

- 총자본수익률(ROE: Return to Equity) 또는 총자산순이익률 (ROA: Return to Assets): 회사가 투자한 자기자본 또는 총자산

대비 이익률이 얼마나 발생하는지를 나타내는 지표이다. 이때 총자본 또는 총자산은 일정기간의 평균치로 계산해야 한다. 그 이유는 당기순이익은 1년 간의 경영성과를 나타내는 수치인 데 비해 재무상태표의 총자본 또는 총자산은 일정 시점의 잔액을 나타내는 정보이기 때문이다.

$$\text{총자본 또는 총자산순이익률} = \frac{\text{당기순이익}}{\text{총자본 또는 총자산의 평균}} \times 100$$

우리 회사가 얼마나 컸나: 성장성 비율

기업은 수익성도 중요하지만 얼마나 규모가 성장했고, 그 성장속도가 얼마나 빠른지도 중요하다. 기업의 성장성을 한눈에 알 수 있는 지표가 바로 '성장성 비율'이다.

• 매출액증가율: 전년 대비 기업의 매출 규모가 얼마나 성장했는지를 파악할 수 있는 지표이다.

$$\text{매출액증가율} = \frac{\text{당기 매출} - \text{전기 매출}}{\text{전기 매출}} \times 100$$

• 총자산증가율: 전년 대비 기업의 자산 규모가 얼마나 증가했는지를 확인할 수 있는 지표이다.

$$총자산증가율 = \frac{당기말\ 총자산 - 전기말\ 총자산}{전기말\ 총자산} \times 100$$

우리 회사가 잘 버틸 수 있나: 안정성 비율

기업을 운영하다 보면 장기적인 플랜도 중요하지만 단기적인 운영현황을 파악하는 것도 중요하다. 특히 '흑자도산'의 경우처럼 자칫 잘못하면 기업의 미래가치와 상관없이 망하는 경우도 발생하기 때문이다. 따라서 기업이 단기적으로 지급능력이 충분한지를 파악할 수 있는 지표로 '안정성 비율'이 자주 활용된다.

- 유동비율: 단기채무가 있을 경우에 보유한 채무를 상환하기 위해 단기간에 현금화할 수 있는 자산이 얼마나 있는지를 확인할 수 있는 지표로, 1년 미만의 단기부채 상환능력을 분석하기 위해 사용된다.

$$유동비율 = \frac{유동자산(당좌자산 + 재고자산)}{유동부채}$$

- 당좌비율: 유동자산 중 재고자산은 매출 후 대금회수라는 과정이 별도로 존재하기 때문에 일정 부분 시간이 소요된다. 또한 재고자산이 다 팔린다는 보장이 없기 때문에 보수적으로 이를 제외한 유동비율을 파악할 때 활용되는 지표이다.

$$당좌비율 = \frac{당좌자산(현금\ 및\ 현금성자산,\ 단기투자자산,\ 매출채권,\ 선급비용\ 등)}{유동부채}$$

- 부채비율: 부채를 타인자본이라고도 부르는데, 자기자본 대비 타인자본의 비율을 보면 회사의 재무건전성을 파악할 수 있다.

$$부채비율 = \frac{부채(타인자본)}{자기자본}$$

- 이자보상비율: 타인자본, 즉 부채의 비율이 너무 높으면 그에 상응하는 이자비용이 부담될 수 있다. 이자보상비율을 통해 회사가 타인자본에서 발생하는 이자비용을 충분히 지급할 능력이 되는지를 확인할 수 있다.

$$이자보상비율 = \frac{이자비용}{영업이익}$$

우리 회사가 효율적으로 운영되나: 활동성 비율

경제학 용어이기도 하지만, 자원이 유한하다면 가능한 효율적으로 운영하는 것이 중요하다. 기업에서도 마찬가지로 유한한 자산을 얼마나 효율적으로 사용했는가를 측정하는 지표가 있는데, 이를 '활동성 비율'이라고 한다. '활동성 비율'은 회전율이라고도 표현하는데, 회전율이 높다는 것은 적은 자산을 투자해 많은 효익을 낸다는 의미이다.

손님이 많은 식당을 보면서 '식당의 회전율'이 얼마인지를 고민한 적이 한번쯤은 있을 것이다. 바로 그 '회전율'의 개념을 생각하면 '활동성 비율'에 대한 이해가 보다 쉬울 것이다.

- 총자산회전율: 한 단위의 자산을 사용할 때 얼마만큼의 매출액을 창출해낼 수 있는지 평가할 수 있는 지표인데, 유사한 지표로 '매출채권회전율', '자기자본회전율' 등도 사용된다.

$$총자산회전율 = \frac{매출액}{평균총자산}$$

$$매출채권회전율 = \frac{매출액}{평균매출채권}$$

$$자기자본회전율 = \frac{매출액}{평균자기자본}$$

- 그 외에 재고자산회전율, 매출채권회전율 및 매입채무회전율 등도 있는데 이미 앞에서 설명한 내용이다.

가족 사업은
어떻게 회계처리를 할까?

연결회계의 의미

동네에서 대형 빵집을 운영하고 있는 임사장은 아들과 부자지간이 좋기로 소문이 자자하다. 임사장의 아들은 도매업을 하고 있는데, 임사장은 대부분의 원자재를 아들로부터 구매하고 있다. 최근 경기가 악화되자 임사장은 아들이 걱정인지 아들을 도와준다며 필요 이상으로 밀가루 등 원자재를 이것저것 많이 구매했다.

얼마 전에 근처를 지나가던 태윤이는 임사장의 자재창고가 발 디딜 틈이 없이 꽉 차 있는 걸 보게 되었다. 평소 잘 알지는 못하지만 그래도 같은 동네에서 장사를 하기에 걱정이 된 태윤이가 "필요할 때 쓰지, 왜 이렇게 많이 재료를 사다놓냐"고 걱정했더니, "어차피 사용할 건데 아들네 매출이 올라가면 좋은 거 아니냐"며 되려 큰소리이다.

그러고는 동네 사람들에게 불황에도 불구하고 아들네가 장사를 잘해서 매출이 늘었다며 동네방네 소문을 내고 다닌다. 임사장의 행동이 이해가 되지 않는 건 아니지만, '내부 사정을 아는 사람들에게 걸리면 다 들통날 텐데' 하는 의문이 든다. 거기까지 생각이 미치다 보니 '회계에서도 이러한 내용은 걸러주어야 하지 않을까' 하는 생각도 든다. 내부 사정을 모르면 곧이곧대로 임사장의 아들이 장사를 잘한 것으로 오해하지 않을까 싶다.

과연 회계에서는 이를 어떻게 처리하라고 할까?

법적 단일체와 경제적 단일체

기업이 성장의 기회를 맞게 되면 다양한 방법을 모색하게 되는데, 그 중의 하나로 다른 회사를 대가를 주고 사는 '합병'이라는 방법이 있다. 또 다른 방법은 다른 회사의 주식 일부 또는 전부를 인수해 그 회사의 '의사결정권[9]'을 가져오는 방법도 있다.

법률적 관점에서 보면 첫 번째 방법은 법률적 실체는 합병한 회사만 존재하는 반면, 두 번째 방법은 주식을 인수한 회사나 주식을 판매한 회사가 각각 존재한다는 점에서 차이점이 있다. 즉 임사장이 아들의 회사를 합병하는 경우에는 아들네 회사는 소멸하고 임사장의 회사는 그대로 남는다. 반면에 임사장이 아들네 회사의 주식을 인수하는 경우에는 임사장의 회사와 아들네 회사 각각이 여전히 존

---

9   '의사결정권'을 가져오는 방법은 의결권 주식수의 과반수를 인수하거나, 이사회의 임원을 과반수로 임명할 수 있는 권한을 가져오는 등 다양하며, 주식인수에 국한되지 않는다. 재무회계에서는 이를 '지배력을 획득'했다고 표현하고 있다.

재한다는 의미이다.

하지만 회계적 관점에서 바라보면 '합병'을 하든, '주식 인수'를 하든 경제적 실체는 동일하다. 임사장이 아들의 회사를 합병한 경우라면 당연히 임사장이 영업 및 재무 정책 등에 대한 '의사결정권'을 가지고 있다. 또한 임사장이 아들네의 주식을 인수해 '의사결정권'을 가져온 경우에도 아들네 회사가 법적으로는 존재할지라도 모든 의사결정은 임사장에게 의지해야 하므로 '합병'과 별반 다르지 않다. 따라서 재무회계에서는 '주식을 인수'해 '의사결정권'을 가져온 경우에도 임사장과 아들의 회사를 '경제적 실체가 하나'라는 '경제적 단일체'로 본다.

경제적 단일체와 연결회계

그렇다면 '경제적 단일체'로 본다는 의미는 과연 어떤 뜻일까? 우선 임사장이 아들네의 영업 및 재무와 관련된 의사결정권을 가지고 있기 때문에, 아들네의 중요한 영업 및 재무정책은 아들의 의지와는 무관한 것으로 볼 수 있다. 따라서 임사장과 아들 간의 거래는 임사장이 단독으로 결정한 의사결정이므로, 이러한 거래를 정상적인 거래로 보기는 어려울 것 같다.

즉 '경제적 단일체'라는 의미는 임사장이 아들네의 회사를 실질적으로 지배하고 있으므로, 즉 의사결정권을 가지고 있으므로 임사장의 회사와 아들네의 회사를 하나의 회사로 간주해 회계처리한다는

<u>의미</u>이다. 하나의 회사이기 때문에 임사장의 회사와 아들네 회사 간의 거래는 내부거래이며, 이러한 내부거래는 비정상적인 거래이므로 제거되어야 한다. 바로 이 개념이 '연결회계'의 핵심 개념이다.

내부거래를 제거하는 방법

그러면 회계에서는 내부거래를 어떻게 제거할까? 임사장이 아들네의 영업에 대한 매출을 늘려주기 위해서 원가가 10만 원인 밀가루 1포대를 15만 원에 사갔다고 하자. 이런 경우에, 아들네는 임사장에게 10만 원짜리 물건을 15만 원에 팔았으므로 매출을 15만 원 인식하고 '매출총이익'을 5만 원 인식한다. 그리고 임사장은 15만 원에 밀가루 1포대를 구매했기 때문에 재고자산을 15만 원 인식하게 된다.

하지만 임사장과 아들네의 가게가 하나의 회사라면 어떨까? 이러한 거래는 단순히 아들네의 가게에서 임사장의 가게로 재고가 단순 이동[10]한 것으로 보는 게 맞지 않을까? 따라서 아들네가 인식한 매출 15만 원과 매출원가 10만 원은 취소되어야 한다. 또한 임사장이 보유한 재고자산은 단순히 아들네 창고에서 최사장네 창고로 이동했기 때문에 15만 원이 아니고 10만 원이 되어야 한다.

따라서 이 사례와 관련해 연결회계에서는 관계사 간의 '내부거래'

---

[10] 회사 내에서 사업장 간의 이동은 별도의 회계처리를 하지 않는다. 이 사례 또한 단순한 사업장 간의 이동, 즉 '내부거래'로 보기 때문에 최사장과 아들네가 각각 회계처리를 한 경우에 이를 제거한다는 의미이다.

를 취소하고 둘 간의 거래를 단순 사업장 이동으로 간주해 마치 회계처리가 없었던 것으로 하고 있다. 또한 해당 회계처리를 통해 아들네가 임사장과의 판매를 통해 인식한 5만 원[11]의 이익도 취소되는데, 이러한 이익을 '미실현이익'이라고 한다.

미실현이익은 언젠가는 실현된다

그렇다면 아들네는 임사장에게 판매한 밀가루 포대를 통해 발생한 '미실현이익' 5만 원은 영원히 이익으로 인정받지 못하는 걸까? 다행히 임사장이 해당 밀가루 포대를 이용해 빵을 만들어 판매하는 시점에 '미실현이익'을 '실현이익'으로 인식할 수 있다.

아들네와 임사장은 회계 관점에서는 하나의 회사인 '경제적 단일체'이므로 임사장과 아들 간의 거래는 임사장이 빵을 판매했을 때까지 일어나지 않았다고 간주하고, 임사장이 빵을 판매했을 때 해당 거래를 인정하게 된다. 임사장이 아들네에서 구입한 밀가루 포대를 이용해 20만 원어치의 빵을 판매했다면, 임사장이 빵을 판매한 시점에 아들네는 15만 원에서 10만 원을 뺀 5만 원의 이익을, 최사장은 20만 원에서 15만 원을 뺀 5만 원의 이익을 인식할 수 있다.

이러한 연결회계는 회계 실무자 또는 회계를 전문으로 하는 회계

---

11 아들네가 임사장과의 내부거래에서 인식한 매출 15만 원 및 매출원가 10만 원을 취소하는 과정에서 자연스럽게 매출총이익도 5만 원이 취소된다.

사들에게도 여간 골치 아픈 개념이 아니다. 그 구조와 회계처리 방식이 개별회계와 사뭇 다르고, 연결회계 자체도 고급회계로 분류되기 때문이다. 그러니 이 글을 읽는 독자들은 연결회계가 어렵다고 해서 너무 자책하지 않길 바란다.

연결재무제표 vs.
별도재무제표

연결회계의 취지는 경제적으로 단일 실체라면 법적 형식이 분리되어 있을지라도 단일 실체로 간주해 재무정보를 작성하라는 의미이다. 따라서 연결재무정보에는 당연히 단일 실체인 관계사 간 내부거래는 제거되어야 한다. 이렇게 작성된 재무제표를 '연결재무제표'라고 한다.

다만 정보이용자들은 경우에 따라서는 사례처럼 임사장과 아들의 재무정보를 각각 보고 싶을 때도 있다. 하지만 연결재무제표를 보면 이러한 정보는 찾을 수가 없다. 따라서 이러한 요구 사항을 충족하기 위해서 재무회계에서는 임사장과 아들, 각각의 재무실적도 따로 작성해 공시하도록 되어 있는데, 이를 '별도재무제표'라고 한다.

'별도재무제표'를 바라볼 때 유의할 점은 임사장과 아들 간의 내부거래가 제거되지 않은 상태의 재무정보라는 것이다. 따라서 보다 효과적인 재무실적을 확인하기 위해서는 여전히 연결재무제표가 중요하다. 따라서 K-IFRS는 연결재무제표를 '주재무제표'로 공시하도록 하고 있다.

■ **독자 여러분의 소중한 원고를 기다립니다** ─────────────────

메이트북스는 독자 여러분의 소중한 원고를 기다리고 있습니다. 집필을 끝냈거나 집필중인 원고가 있으신 분은 khg0109@hanmail.net으로 원고의 간단한 기획의도와 개요, 연락처 등과 함께 보내주시면 최대한 빨리 검토한 후에 연락드리겠습니다. 머뭇거리지 마시고 언제라도 메이트북스의 문을 두드리시면 반갑게 맞이하겠습니다.

■ **메이트북스 SNS는 보물창고입니다** ─────────────────

메이트북스 홈페이지 www.matebooks.co.kr

책에 대한 칼럼 및 신간정보, 베스트셀러 및 스테디셀러 정보뿐만 아니라 저자의 인터뷰 및 책 소개 동영상을 보실 수 있습니다.

메이트북스 유튜브 bit.ly/2qXrcUb

활발하게 업로드되는 저자의 인터뷰, 책 소개 동영상을 통해 책에서는 접할 수 없었던 입체적인 정보들을 경험하실 수 있습니다.

메이트북스 블로그 blog.naver.com/1n1media

1분 전문가 칼럼, 화제의 책, 화제의 동영상 등 독자 여러분을 위해 다양한 콘텐츠를 매일 올리고 있습니다.

메이트북스 네이버 포스트 post.naver.com/1n1media

도서 내용을 재구성해 만든 블로그형, 카드뉴스형 포스트를 통해 유익하고 통찰력 있는 정보들을 경험하실 수 있습니다.

메이트북스 인스타그램 instagram.com/matebooks2

신간정보와 책 내용을 재구성한 카드뉴스, 동영상이 가득합니다. 각종 도서 이벤트들을 진행하니 많은 참여 바랍니다.

메이트북스 페이스북 facebook.com/matebooks

신간정보와 책 내용을 재구성한 카드뉴스, 동영상이 가득합니다. 팔로우를 하시면 편하게 글들을 받으실 수 있습니다.

───

STEP 1. 네이버 검색창 옆의 카메라 모양 아이콘을 누르세요.　　STEP 2. 스마트렌즈를 통해 각 QR코드를 스캔하시면 됩니다.
STEP 3. 팝업창을 누르시면 메이트북스의 SNS가 나옵니다.